"十四五"时期
国家重点出版物出版专项规划项目

航天先进技术
研究与应用系列

王子才　总主编

超高速撞击航天器及其防护结构数值模拟研究

Numerical Simulation of Hypervelocity Impact on Spacecraft and Its Protective Structure

盖芳芳　著

内 容 简 介

本书以空间碎片超高速撞击问题为背景,采用非线性动力学分析软件——AUTODYN,对空间碎片超高速撞击铝板、铝壳结构展开研究。全书共分9章;第1、2章介绍了研究的背景和意义、主要研究内容以及超高速撞击数值模拟方法;第3~6章研究了不同形状弹丸撞击单层板的损伤特性;第7、8章研究了球形弹丸撞击多层板的损伤特性;第9章研究了球形弹丸撞击壳体结构的损伤特性。

本书对航天器及其防护结构的设计具有一定的工程应用参考价值,可作为针对超高速撞击问题、应用 AUTODYN 软件进行计算的初学者的参考资料。

图书在版编目(CIP)数据

超高速撞击航天器及其防护结构数值模拟研究/盖芳芳著.—哈尔滨:哈尔滨工业大学出版社,2023.3
(航天先进技术研究与应用系列)
ISBN 978-7-5603-9131-1

Ⅰ.①超… Ⅱ.①盖… Ⅲ.①太空垃圾-撞击-数值模拟 Ⅳ.①V445

中国版本图书馆 CIP 数据核字(2020)第 213623 号

超高速撞击航天器及其防护结构数值模拟研究
CHAOGAOSU ZHUANGJI HANGTIANQI JIQI FANGHU JIEGOU SHUZHI MONI YANJIU

策划编辑	王桂芝　闻　竹
责任编辑	陈雪巍　苗金英
出版发行	哈尔滨工业大学出版社
社　　址	哈尔滨市南岗区复华四道街10号　邮编150006
传　　真	0451-86414749
网　　址	http://hitpress.hit.edu.cn
印　　刷	哈尔滨市石桥印务有限公司
开　　本	720 mm×1 000 mm　1/16　印张 11.25　字数 233 千字
版　　次	2023年3月第1版　2023年3月第1次印刷
书　　号	ISBN 978-7-5603-9131-1
定　　价	68.00元

(如因印装质量问题影响阅读,我社负责调换)

前　言

随着人类航天活动的日趋频繁,空间碎片环境日益恶化,这严重地威胁着在轨航天器的安全运行。在空间碎片超高速撞击下,航天器部件或防护结构可能产生撞击坑、穿孔,撞击产生的碎片云也可能导致二次撞击,严重时将使航天器产生灾难性破坏,使航天器任务提前终止或失败。解决空间碎片的超高速撞击问题是航天器空间碎片风险评估与防护结构设计的关键技术和前沿课题。

本书以不同形状铝制弹丸模拟空间碎片,采用数值模拟方法对空间碎片超高速撞击铝板、铝壳结构开展研究,包括成坑、穿孔、多层板损伤、弹丸破碎及碎片云特性分析,获得其损伤特性。本书对航天器及其防护结构的设计具有一定的工程应用参考价值,可作为针对超高速撞击问题、应用 AUTODYN 软件进行计算的初学者的参考资料。

衷心感谢广东石油化工学院科研基金人才引进项目(2019rc085)、广东省教育厅 2018 年特色创新项目(2018KTSCX145)对本书的资助。

衷心感谢广东石油化工学院刘宝良教授在研究过程中给予的指导与帮助。感谢我的学生赵春吉、黎忠雪、徐欢琦、陈鹏程、生帝、刘先应、张冲及杨燕华在本研究中给予的支持。

由于作者水平有限,书中疏漏及不足之处在所难免,敬请各位专家和读者提出宝贵意见。

作　者

2023 年 1 月

目　录

第 1 章　绪论 …… 001
第 2 章　超高速撞击数值模拟方法 …… 004
　2.1　引言 …… 004
　2.2　AUTODYN 软件简介 …… 004
　2.3　超高速撞击数值模拟研究方法 …… 006
　2.4　本章小结 …… 012
第 3 章　厚铝板成坑研究 …… 013
　3.1　引言 …… 013
　3.2　数值模型的建立及验证 …… 013
　3.3　球形弹丸撞击速度影响 …… 017
　3.4　圆柱形弹丸对成坑特性的影响 …… 020
　3.5　本章小结 …… 028
第 4 章　单层薄铝板穿孔研究 …… 029
　4.1　引言 …… 029
　4.2　数值模型的建立 …… 029
　4.3　球形弹丸情形 …… 032
　4.4　圆柱形弹丸情形 …… 042
　4.5　本章小结 …… 051
第 5 章　球形弹丸撞击单层板破碎状态研究 …… 052
　5.1　引言 …… 052
　5.2　数值模型的建立 …… 052

5.3　弹丸临界破碎速度和完全破碎速度 …………………………… 056
　5.4　弹丸临界破碎直径和完全破碎直径 …………………………… 061
　5.5　弹丸临界破碎板厚和完全破碎板厚 …………………………… 065
　5.6　本章小结 …………………………………………………………… 070

第 6 章　不同形状弹丸撞击薄铝板碎片云研究 ……………………………… 071
　6.1　引言 ………………………………………………………………… 071
　6.2　数值模型的建立 …………………………………………………… 071
　6.3　球形弹丸撞击时碎片云特性 ……………………………………… 072
　6.4　圆柱形弹丸撞击时碎片云特性 …………………………………… 079
　6.5　锥形弹丸撞击时碎片云特性 ……………………………………… 088
　6.6　本章小结 …………………………………………………………… 100

第 7 章　球形弹丸撞击双层铝板损伤研究 …………………………………… 101
　7.1　引言 ………………………………………………………………… 101
　7.2　数值模型的建立及验证 …………………………………………… 101
　7.3　弹丸直径的影响 …………………………………………………… 114
　7.4　弹丸撞击速度的影响 ……………………………………………… 118
　7.5　防护间距的影响 …………………………………………………… 123
　7.6　本章小结 …………………………………………………………… 126

第 8 章　球形弹丸撞击三层铝板损伤研究 …………………………………… 127
　8.1　引言 ………………………………………………………………… 127
　8.2　数值模型的建立及验证 …………………………………………… 127
　8.3　防护间距的影响 …………………………………………………… 131
　8.4　防护板厚的影响 …………………………………………………… 136
　8.5　三层防护结构与典型双层防护结构损伤特性比较 …………… 141
　8.6　本章小结 …………………………………………………………… 143

第 9 章　球形弹丸撞击球壳穿孔研究 ………………………………………… 144
　9.1　引言 ………………………………………………………………… 144
　9.2　数值模型的建立 …………………………………………………… 144
　9.3　球壳曲率半径的影响 ……………………………………………… 145
　9.4　弹丸直径的影响 …………………………………………………… 149
　9.5　弹丸撞击速度的影响 ……………………………………………… 150

9.6 本章小结 ·· 151
参考文献 ·· 153
名词索引 ·· 155
附录　部分彩图 ·· 157

第1章

绪 论

  航天器发射入轨后即处于空间环境之中。空间环境可以分为自然空间环境和空间碎片环境。其中,自然空间环境可以分为大气环境、等离子体环境、高能粒子环境、地球引力场环境、太阳和地气辐射环境、电磁辐射环境、微流星体环境。

  微流星体环境指的是源于彗星和小行星带并在星际空间中运动的固态粒子。微流星体一般可以分为两类:群发微流星体和偶发微流星体。群发微流星体与母体轨道相同,具有周期性高通量特征;偶发微流星体的通量是随机的,没有显著特征。微流星体运动速度非常高,会对航天器造成机械损伤。

  空间碎片环境是人为的空间环境。空间碎片主要是指人类在航天活动过程中遗留在空间的废弃物。其来源主要有:卫星或运载火箭的残骸;因爆炸或碰撞而产生的碎片或喷溅物;空间工作时丢失的杂物;固体火箭发动机的排放物;空间核反应堆漏出的冷却剂等。

  空间碎片按尺寸大小可以分为三类:

  (1) 直径大于 10 cm 的空间碎片为大碎片,可以由地面光学望远镜或雷达测定其轨道并追踪。其与航天器的碰撞概率极低,可以通过主动控制予以规避。

  (2) 直径介于 1～10 cm 之间的空间碎片为小碎片,一般很难被观测到,国际上对它们的分布还不十分清楚,目前尚无切实可行的防护措施。

  (3) 直径小于 1 cm 的空间碎片为微小碎片,与航天器的碰撞概率极高,也是空间碎片防护的重点。微小碎片的碰撞能够使航天器表面成坑甚至使舱壁穿孔,撞击部位不同,危害的程度也会有很大差异;其累积撞击效应将导致光敏、热敏等器件功能下降。

微流星体或空间碎片高速碰撞航天器都将对航天器造成破坏甚至引起灾难性失效，但由于空间碎片平均密度较微流星体的密度高得多，对在轨航天器的安全运行构成的威胁也就严重得多。总体来说，由于低地轨道上直径在 1 mm ～ 10 cm 范围内的空间碎片数目多且难以观测，无法采取预警规避的策略，因而其对航天器的威胁最大。这些碎片的速度范围为 0 ～ 15 km/s。

随着航天事业的发展，人类发射入轨的航天器数目越来越多，造成在轨物体数量不断积累，空间环境也随之日益恶化。自 1957 年发射第一颗人造地球卫星以来，空间碎片总数已超过 4 000 万个，总质量已达数百万千克，地面望远镜和雷达能观测到的碎片平均每年增加大约 200 个，大于 5 cm 的空间碎片已超过 15 000 个。空间碎片撞击航天器的事故发生概率也越来越高。美国运行了 5.75 年的长期暴露装置在被回收后检测到的撞击坑达 34 000 个。截至 2001 年，美国航天飞机共更换 80 次舱窗。英国宇航局探测到早期哈勃望远镜的整个太阳翼上遭受到 5 000 ～ 6 000 次空间碎片或微流星体的撞击，撞击坑孔直径从 3 μm 到 7 mm 不等，其中太阳翼完全穿透的数量达 150 个。法国于 1995 年发射的电子侦察卫星 CERISE 的重力梯度稳定杆，在 1996 年与 Ariane 火箭的残骸相撞而断裂，造成卫星姿态失去控制。

因此本书针对在毫米级微小碎片的超高速撞击下铝板（壳）的损伤特性进行数值模拟研究，包括撞击成坑、穿孔、弹丸破碎、碎片云、双层板及三层板防护结构损伤分析。

航天器抵御微流星体/空间碎片超高速撞击能力的提高决定于超高速撞击地面模拟试验技术和数值模拟技术的发展。从目前的技术水平来看，超高速撞击压力容器地面模拟试验的有效试验数据十分有限。数值模拟是研究该问题的有效手段之一，数值模拟不仅在时间和空间上获取的物理量信息更全面，而且需求条件相对简单、费用低廉，还可突破发射技术达不到的速度范围等。本书应用数值模拟方法对航天器及其防护结构受到超高速撞击后的损伤特性进行研究，为航天器空间碎片撞击风险评估及防护方案奠定技术基础。

本书的研究内容主要包括以下几个方面：

（1）厚铝板成坑研究。弹丸形状为球形和圆柱形，分别研究弹丸撞击速度、圆柱形弹丸长径比对穿孔特性的影响。

（2）单层薄铝板穿孔研究。弹丸形状为球形和圆柱形，分别研究弹丸撞击条件、板厚①及圆柱形弹丸撞击面对穿孔特性的影响。

（3）球形弹丸撞击单层板破碎状态研究。分别研究弹丸撞击条件、板厚对弹

注：① 板厚指薄铝板厚度。

丸破碎状态的影响。

（4）不同形状弹丸撞击薄铝板碎片云研究。弹丸形状为球形、圆柱形和锥形，分别研究弹丸撞击条件、弹丸形状尺寸及板厚对碎片云特性的影响。

（5）球形弹丸撞击双层铝板损伤研究。分别研究弹丸撞击条件、防护间距对双层板损伤特性的影响。

（6）球形弹丸撞击三层铝板损伤研究。分别研究防护间距、防护板厚对防护结构损伤特性的影响。

（7）球形弹丸撞击球壳穿孔研究。分别研究弹丸撞击速度、弹丸直径及球壳曲率半径对穿孔直径的影响。

为了后续各章研究方便，将本书中主要涉及的变量用英文字母进行表示：球形弹丸直径用 d_p 表示，圆柱形弹丸长度和直径分别用 L、D 表示，弹丸撞击速度用 v_p 表示，板厚（薄铝板、防护板厚度）用 t 表示，板间距（防护间距）用 S 表示。

第 2 章
超高速撞击数值模拟方法

2.1 引　　言

本章简要介绍针对超高速撞击的数值模拟方法及数值模拟技术，并给出相关材料的数值模拟参数。

2.2 AUTODYN 软件简介

本书的数值模拟部分将采用 AUTODYN 软件进行分析。

AUTODYN 软件由 Century Dynamics 公司于 1985 年开发成功,该软件从开发至今一直致力于军工行业的研发,是专门为解决非线性动力学问题而设计的高度集成的分析程序。Century Dynamics 公司首先于 1986 年推出它的二维版本 AUTODYN－2D;1991 年推出其三维版本 AUTODYN－3D;1995 年开发出高精度 Euler－FCT、Euler－Godunov 求解器,专门用来模拟爆炸冲击波的传递;2000 年引入欧洲航空局开发的光滑质点流体动力学(Smoothed Particle Hydrodynamics,SPH)求解器。针对超高速撞击问题采用最广泛的方法是光滑粒子动力学方法，此种方法是一种相对较新的拉格朗日(Lagrange)类型的无网格划分法，它能够准确地模拟高速撞击方面的实际问题。为了满足用户希望在更短的时间内解决更复杂模拟问题的迫切需求，新版本在 64 位 Linux 平台支持以及基层数据结构方面做了重点开发，因此新版本 AUTODYN 软件提供了两倍以上于旧版本解决大型模拟问题的能力，比如建筑物的爆炸、钢筋混凝土的穿透以及破片对合成航行器的作用。AUTODYN 软件的并行能力也在诸多方面有了突破，包括快速瞬态计算流体动力学(CFD)及其与有限元求解器的连接。新版本 AUTODYN 软件在新材料模拟及前后处理能力方面也有了很大进步。

自 1986 年起，经过不断的发展，AUTODYN 软件已经成为一个拥有众多用户界面的集成软件包，包括以下几个部分。

(1) 有限元(FE)，用于计算结构动力学。

(2) 有限体积运算器，用于快速瞬态计算流体动力学。

(3) 无网格／粒子方法(又称光滑质点流体动力学方法，即 SPH 法)，用于大变形和碎裂。

(4) 多求解器耦合，用于多种物理现象耦合情况下的求解。

(5) 丰富的材料模型，包括本构响应和热力学。

(6) 金属、陶瓷、玻璃、水泥、岩土、炸药、水、空气以及其他固体、流体和气体的材料模型和数据。

(7) 结构动力学、快速流体流动、材料模型、爆炸和冲击波响应分析。

AUTODYN 软件集成了前处理、后处理和分析模块，而且为了保证最高的效率，采取了高度集成环境架构。它能够在 Microsoft Windows 和 Linux/Unix 系统中，以并行或串行方式运行，支持内存共享和分布式集群。

通常，材料在动态载荷下的响应非常复杂，如非线性压力响应、应变及应变率硬化、热软化、各向异性材料属性、拉伸失效以及复合材料破坏。针对不同问题，AUTODYN 软件提供了状态方程、强度模型、失效模型、破坏模型以及侵蚀模型等多种材料模型供用户模拟材料的动态响应过程。AUTODYN 软件内嵌有近 300 种军工行业常用的材料，如空气、铝、铁、硅、铜、黄金、各种合金、炸药、沙子、水、玻璃、橡胶、尼龙及混凝土等，这些材料均有现成的参数，无须用户再定义，为用户提供了方便。图 2.1 所示为 AUTODYN 软件给出的材料模型。

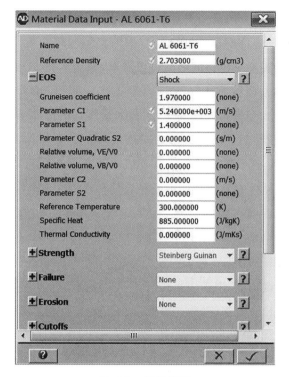

图 2.1　材料模型

AUTODYN软件有别于一般的显式有限元或计算流体动力学程序，有着极重要的特性。AUTODYN软件从开始就致力于用集成的方式自然而有效地解决流体和结构的非线性问题。这种方法的核心在于把复杂的材料模型与流体结构程序进行无缝结合，比如：流体、结构的耦合响应；拥有FE、CFD和SPH等多个求解器，并且FE可以和其他的求解器耦合；除了流体和气体，其他有强度的材料（如金属）都可以运用于所有的求解器等。

2.3　超高速撞击数值模拟研究方法

2.3.1　数值模拟研究方法

在超高速撞击数值模拟研究中，常用的数值模拟方法主要包括Lagrange法、Euler法、ALE(Arbitrary Lagrange-Euler)法及SPH法。本书数值模拟主要通过 AUTODYN 软件完成,在建模过程中主要使用 Lagrange 法和 SPH 法。

1. Lagrange 法

Lagrange 法是一种将物体进行网格划分的方法,在计算中将物体划分成一个个小网格。Lagrange 法中,网格是随体的,随物质一起运动和变形,网格点与材料的质量单元相应并随材料而运动,因此能较准确地描述材料不同部分的不同应力历程,容许对不同部分的材料采用不同的本构关系,处理自由面和物质界面是直观自然的,边界的位置可以直接得到;而且在整个计算过程中可以维持近似计算的最初精度,对于处理材料对载荷和破坏的响应可得到较好的结果。图 2.2 所示为 Lagrange 法建立的网格模型。

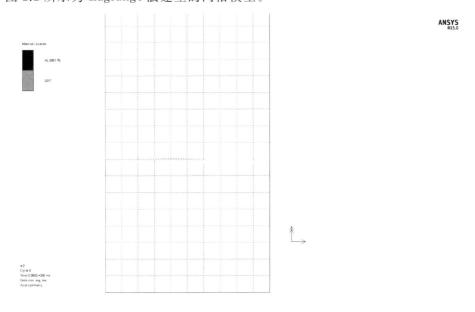

图 2.2 Lagrange 法建立的网格模型

2. SPH 法

SPH 法是无网格方法的一种,最早由 Lucy 和 Monaghan 于 1977 年提出,也是公认最早出现的真正意义上的无网格方法。SPH 法不需要生成网格,是纯粹的无网格 Lagrange 型粒子方法,其基础理论是插值理论,采用核近似方法将偏微分方程转换成积分方程,然后用粒子近似方法将连续形式的积分方程转换成离散形式的方程。图 2.3 所示为应用 SPH 法建立的球形弹丸二维轴对称模型。

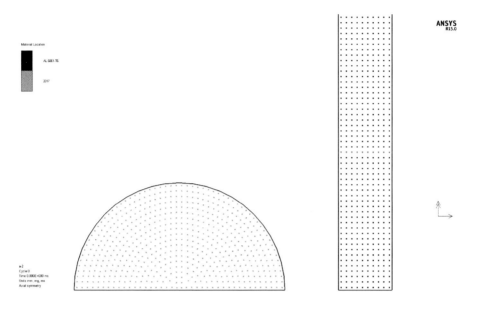

图 2.3　SPH 法建立的球形弹丸二维轴对称模型

2.3.2　材料模型

1.强度模型

Johnson－Cook 强度模型是超高速撞击中常用的模型,它是一个能反映应变率强化效应和温度软化效应的理想刚塑性强度模型。在 Johnson－Cook 模型中,屈服应力 σ_y 与应变 ε、应变率 $\dot{\varepsilon}$ 和温度 T 之间的关系可以表示为

$$\sigma_y = (A + B\varepsilon_p^n)\left(1 + C\ln\frac{\dot{\varepsilon}_p}{\dot{\varepsilon}_0}\right)(1 - T^{*m}) \tag{2.1}$$

式中　　ε_p——等效塑性应变;

A、B、n——材料常数,A 为材料在准静态下的屈服强度,B 和 n 为表示材料硬化影响的参数,其中 B 为硬化常数,n 为硬化指数;

C——应变率敏感指数;

m——温度软化系数。

若室温为 T_{Room},熔点为 T_{Melt},则相对温度的定义可表示为

$$T^* = (T - T_{\text{Room}})/(T_{\text{Melt}} - T_{\text{Room}}) \tag{2.2}$$

表 2.1 给出了几种常用铝合金材料的 Johnson－Cook 强度模型参数。

表 2.1 Al 2017－T4、Al 6061、Al 2A12 与 Al 5A06 的 Johnson－Cook 强度模型参数

铝合金种类	A /MPa	B /MPa	C	m	n	T_{Room} /K	T_{Melt} /K
Al 2017－T4	270	426	0.015	1.0	0.34	300	775
Al 6061	276	290	0.015	1.0	0.34	300	1 220
Al 2A12	276	426	0.015	1.0	0.34	300	775
Al 5A06	270	426	0.015	1.0	0.34	300	935

2. 状态方程

超高速撞击数值模拟中常用的状态方程包括 Shock 状态方程及 Tillotson 状态方程等。Shock 状态方程是基于 Mie－Gruneisen 状态方程建立的，Mie－Gruneisen 状态方程为

$$p = p_H + \Gamma\rho(e - e_H) \tag{2.3}$$

式中　p——材料压强(Pa)；

　　　ρ——材料密度(kg/m³)，全书中 ρ 均为此含义；

　　　Γ——Grunesien 系数；

　　　p_H——Hugoniot 曲线上的压强(Pa)；

　　　e_H——Hugoniot 曲线上的内能(J/kg)。

在许多测量粒子速度 u 和冲击波速度 D 的动力学试验中发现，对于许多流体和固体而言，当压力在一定范围内时这两个变量之间呈线性关系，而这种线性关系在高压缩下是不成立的，对非金属尤其明显。针对这种非线性，Shock 状态方程定义了冲击波速度和质点速度间存在两个线性关系：一个控制低冲击压缩，由撞击速度 $v \geqslant$ VB 定义；一个控制高冲击压缩，由 $v \leqslant$ VE 定义(VB、VE 为两个极限值，具体取值见表 2.2)。在 VB、VE 间的区域，两个线性关系平滑连接，如图 2.4 所示。

由图 2.4 可见，冲击波速度与粒子速度间的双线性关系可表示为

$$\begin{cases} D_1 = c_1 + s_1 u & (v \geqslant \text{VB}) \\ D_2 = c_2 + s_2 u & (v \leqslant \text{VE}) \\ D = D_1 + \dfrac{(D_2 - D_1)(v - \text{VB})}{\text{VE} - \text{VB}} & (\text{VE} < v < \text{VB}) \end{cases} \tag{2.4}$$

式(2.4)这种形式的状态方程可以满足大多数材料。在 AUTODYN 软件中要求使用者对输入参数 ρ、c_1、c_2、s_1、s_2、VE、VB 和 Γ 进行赋值。表 2.2 给出了几

种常用铝合金材料的 Shock 状态方程参数。

表 2.2 常用铝合金材料的 Shock 状态方程参数

铝合金种类	ρ /(kg·m^{-3})	c_1 /(m·s^{-1})	c_2 /(m·s^{-1})	s_1	s_2	VE /(m·s^{-1})	VB /(m·s^{-1})	Γ
Al 2017—T4	2.8×10^3	5 328	0	1.338	0	0	0	2
Al 6061	2.7×10^3	5 328	0	1.338	0	0	0	2
Al 2A12	2.8×10^3	5 328	0	1.338	0	0	0	2
Al 5A06	2.64×10^3	5 328	0	1.338	0	0	0	2

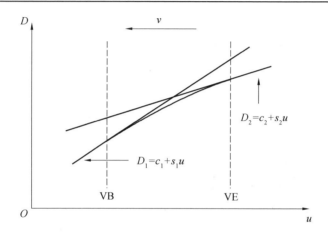

图 2.4 冲击波速度与粒子速度间的双线性关系

在超高速撞击中,物质往往会发生熔化甚至气化,在处理这类高压下的相变问题时,用 Tillotson 状态方程将会非常方便。它可以描述凝聚态和膨胀态(气化态),覆盖固相、液相和气相,压力从常压到 10^{14} Pa。但是 Tillotson 状态方程仍不能精确地描述固-液和液-气的非均相混合状态。

Tillotson 状态方程具有复杂的表达式,可以分为两个部分,见式(2.5)和式(2.6)。选取哪一部分表达式去描述取决于碰撞后在 $P-V-E$ 空间等熵释放的路径(其中,P 为压强,V 为比容,E 为比内能)。在材料不考虑其内能(即 $V < V_0$ 和 $E > 0$)的压缩状态和具有 $V_0 < V < V_S$、$E < E'_S = E_S + H_v$ 的小区域膨胀时可以采用式(2.5)(其中,V_0 为材料初始比容;V_S 为内能 $E = E_S$ 的材料完全释放过程中对应的比容;E_S 为开始气化需要的热量;H_v 为气化潜热)。在这两个区域里,Tillotson 状态方程的表达式为

$$p_1 = [a + b/f(E,\rho)]E\rho + A\mu + B\mu^2 \tag{2.5}$$

该式适用于材料等熵返回到压力环境时仍保持固体状态的激波加载。
其中

$$\mu = \frac{V_0}{V} - 1$$

$$f(E,\rho) = \frac{E}{E_0}\left(\frac{\rho_0}{\rho}\right)^2 - 1$$

$$A = \rho_0 C_0^2$$

$$B = \rho_0 C_0^2 \left(2k - 1 - \frac{\Gamma_0}{2}\right)$$

式中　　a——材料常数,金属材料取 0.5;

　　　　b——材料常数,$b = \Gamma_0 - a$;

　　　　Γ_0——材料常温下的 Gruneisen 系数;

　　　　ρ——材料密度;

　　　　ρ_0——初始材料密度;

　　　　A、B、E_0——方程参数,常用铝合金材料的 Tillotson 状态方程参数见表 2.3。

表 2.3　常用铝合金材料的 Tillotson 状态方程参数

铝合金种类	A /kPa	B /kPa	a	b	α	β	E_0 /(J·kg^{-1})	E_S /(J·kg^{-1})	E_S' /(J·kg^{-1})
Al 2017-T4	7.5×10^7	6.5×10^7	0.5	1.63	5.0	5.0	5.0×10^6	3.0×10^6	1.5×10^7
Al 6061	7.52×10^7	6.5×10^7	0.5	1.63	5.0	5.0	5.0×10^6	3.0×10^6	1.5×10^7
Al 2A12	7.5×10^7	6.5×10^7	0.5	1.63	5.0	5.0	5.0×10^6	3.0×10^6	1.5×10^7
Al 5A06	7.52×10^7	6.5×10^7	0.5	1.63	5.0	5.0	5.0×10^6	3.0×10^6	1.5×10^7

在高膨胀状态(即 $V > V_S$,且不考虑内能)下,或在内能足够高而引起的完全气化或一个中等的膨胀状态(即 $V_0 < V < V_S$,$E > E_S'$)下,采用 Tillotson 状态方程的第二部分,其表达式为

$$p_2 = aE\rho + \{[bE\rho/f(E,\rho)] + A\mu\exp[-\beta(V/V_0 - 1)]\}\exp[-\alpha(V/V_0 - 1)^2] \quad (2.6)$$

式中　　α、β——材料常数。

在对超高速撞击压力容器问题进行数值模拟时,容器的内充气体可以采用理想气体状态方程,即

$$p = (\gamma - 1)\rho e \quad (2.7)$$

式中　　γ——比热比,$\gamma = c_p/c_V$;

　　　　c_p——比定压热容(J/(kg·K));

c_V——比定容热容(J/(kg·K));
e——内能(J/kg),$e = c_V T$。

3. 失效模型

由于材料不能承受任意大的拉伸应力,因此需要定义失效模型来描述材料的极限强度与失效形式,特别是在超高速撞击条件下必须考虑材料的失效问题。材料失效的判据通常采用应力失效判据和应变失效判据两种,本书在模拟计算中采用应力失效判据,即认为:当材料所受最大拉应力超过材料的失效应力时,材料就会失效,不再承受拉应力。在应用 SPH 法的数值模拟计算中,某个粒子材料失效后,其与相邻粒子间的作用力将消失;随着失效粒子的增多,材料将发生破碎。Al 2017-T4、Al 6061、Al 2A12 与 Al 5A06 的最大失效主应力分别为 2.5×10^3 MPa、2.6×10^3 MPa、2.5×10^3 MPa 和 2.2×10^3 MPa。

2.4 本章小结

本章首先简单介绍了非线性动力学分析软件 AUTODYN,然后介绍了超高速撞击的数值模拟技术及材料模型,并对 Lagrange 法和 SPH 法进行了介绍,给出了相关材料的数值模拟参数,为以后各章的数值模拟研究提供了数据支持。

第 3 章

厚铝板成坑研究

3.1 引 言

厚铝板成坑研究选择了两种形状的弹丸:球形和圆柱形。弹丸材料和铝板材料分别为 Al 2A12、Al 5A06 铝合金。本章将对下列问题进行研究:

(1) 球形弹丸直径 $d_p=6.0$ mm,研究球形弹丸撞击速度对成坑特性的影响,弹丸撞击速度 $v_p=1.0\sim 12.0$ km/s。

(2) 圆柱形弹丸长径比 $L/D=5.0$,研究圆柱形弹丸撞击速度对成坑特性的影响,弹丸撞击速度 $v_p=1.0\sim 12.0$ km/s。

(3) 圆柱形弹丸撞击速度 $v_p=3.0$ km/s,研究圆柱形弹丸长径比对成坑特性的影响,弹丸长径比 $L/D=0.1\sim 20.0$。

3.2 数值模型的建立及验证

球形弹丸材料选择 Al 2A12,铝板材料选择 Al 5A06,采用 SPH 法,几何模型如图 3.1 所示,在球形弹丸正撞击铝板的情况下,采用二维轴对称模式。

图 3.1 几何模型

为了验证数值模型的有效性,选取参考文献[13]的试验数据进行验证计算。球形弹丸采用 Al 2A12 铝合金材料,$v_p = 1.16 \sim 3.98 \text{ km/s}$,$d_p = 2.00 \sim 5.91 \text{ mm}$,正撞击;靶板(铝板)采用 Al 5A06 铝合金材料,板厚 $t = 5 \text{ mm}$,板大小为 $120 \text{ mm} \times 120 \text{ mm}$,试验工况具体参数见表 3.1。图 3.2 给出了不同撞击数值模拟工况下弹坑形状的数值模拟结果。

表 3.1 试验工况具体参数

工况	d_p/mm	$v_p/(\text{km} \cdot \text{s}^{-1})$	t/mm
1	5.91	1.16	5
2	4.35	1.74	5
3	4.35	1.44	5
4	4.10	1.81	5
5	3.45	2.08	5
6	3.03	2.60	5
7	2.74	3.05	5
8	2.00	3.98	5

第 3 章　厚铝板成坑研究

(a) $d_p=5.91$ mm, $v_p=1.16$ km/s

(b) $d_p=4.35$ mm, $v_p=1.74$ km/s

(c) $d_p=4.35$ mm, $v_p=1.44$ km/s

(d) $d_p=4.10$ mm, $v_p=1.81$ km/s

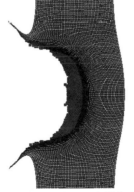
(e) $d_p=3.45$ mm, $v_p=2.08$ km/s

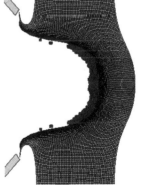
(f) $d_p=3.03$ mm, $v_p=2.60$ km/s

图 3.2　数值模拟结果

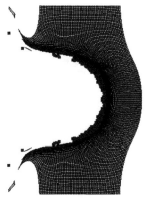 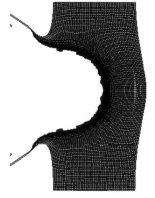

(g) d_p=2.74 mm, v_p=3.05 km/s   (h) d_p=2.00 mm, v_p=3.98 km/s

续图 3.2

表 3.2 给出了试验工况的试验结果与数值模拟结果,并分别对弹坑深度、弹坑直径、鼓包高度进行了比较。

表 3.2 试验结果与数值模拟结果的比较

工况	试验弹坑深度/mm	模拟弹坑深度/mm	相对误差/%	试验弹坑直径/mm	模拟弹坑直径/mm	相对误差/%	试验鼓包高度/mm	模拟鼓包高度/mm	相对误差/%
1	2.70	2.51	7.0	8.30	8.28	0.2	2.18	1.97	9.6
2	5.08	4.86	4.3	7.28	7.06	3.0	2.80	2.73	2.5
3	4.52	4.36	3.5	7.34	6.88	6.3	2.56	2.48	3.1
4	3.28	3.37	2.7	7.82	7.28	6.9	2.08	2.15	3.4
5	2.58	2.72	5.4	6.12	6.26	2.3	1.48	1.51	2.0
6	4.82	4.68	2.9	6.42	6.24	2.8	2.06	1.96	4.9
7	4.60	4.88	6.1	6.36	6.54	2.8	1.96	2.05	4.6
8	3.46	3.12	9.8	5.78	5.58	3.5	1.14	1.07	6.1

由表 3.2 可见,弹坑深度、弹坑直径和鼓包高度的数值模拟结果与试验结果的相对误差分别不超过 10%、7% 和 10%。可见,在误差允许范围内,相同条件下的试验结果与数值模拟结果吻合,从而验证了数值模型的有效性。

3.3 球形弹丸撞击速度影响

选取12组 $d_p = 6.0$ mm, $v_p = 1.0 \sim 12.0$ km/s 的球形弹丸,对撞击速度的影响进行研究。数值模拟弹丸的 $v_p = 1.0 \sim 7.0$ km/s 时,选用 Shock 状态模型; $v_p > 7.0$ km/s 时,弹丸发生汽化及液化,因此选用 Tillotson 状态模型。在不同的弹丸撞击速度下,弹坑深度及弹坑直径见表 3.3,成坑形态的数值模拟结果如图 3.3 所示。由图可见,球形弹丸以不同速度撞击半无限厚板时,弹坑形状呈碗形。

表 3.3 不同弹丸撞击速度下的弹坑尺寸

工况	v_p/(km·s^{-1})	d_p/mm	弹坑深度 /mm	弹坑直径 /mm
1	1.0	6.0	1.87	8.38
2	2.0	6.0	3.28	10.80
3	3.0	6.0	6.35	14.64
4	4.0	6.0	9.06	17.36
5	5.0	6.0	9.75	18.84
6	6.0	6.0	11.72	20.36
7	7.0	6.0	13.26	22.44
8	8.0	6.0	13.61	23.04
9	9.0	6.0	12.95	21.40
10	10.0	6.0	12.17	20.30
11	11.0	6.0	12.61	21.08
12	12.0	6.0	13.22	22.18

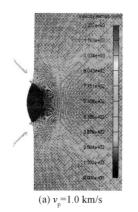
(a) v_p=1.0 km/s

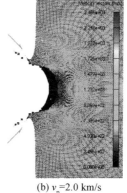
(b) v_p=2.0 km/s

图 3.3 不同弹丸撞击速度下成坑形态的数值模拟结果(彩图见附录)

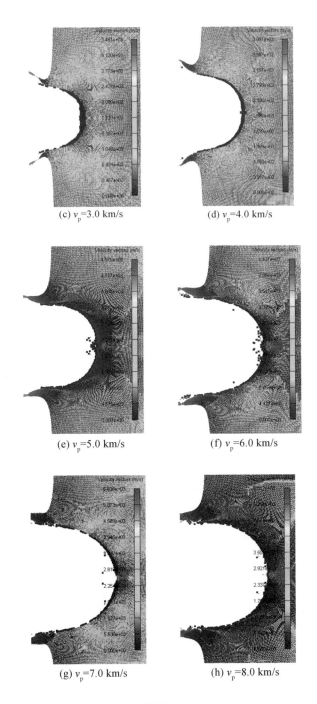

(c) $v_p=3.0$ km/s (d) $v_p=4.0$ km/s

(e) $v_p=5.0$ km/s (f) $v_p=6.0$ km/s

(g) $v_p=7.0$ km/s (h) $v_p=8.0$ km/s

续图 3.3

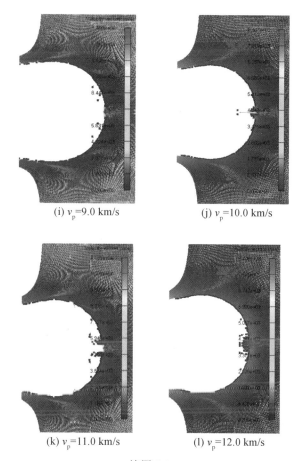

(i) v_p=9.0 km/s　　(j) v_p=10.0 km/s

(k) v_p=11.0 km/s　　(l) v_p=12.0 km/s

续图 3.3

图 3.4 和图 3.5 分别给出了弹坑深度及弹坑直径随弹丸撞击速度的变化曲线。由图可见，弹丸撞击速度是影响弹坑深度及弹坑直径的主要因素之一，并且弹坑深度和弹坑直径随弹丸撞击速度的变化规律基本一致：v_p=1.0～8.0 km/s 和 v_p=10.0～12.0 km/s 时，弹坑深度和弹坑直径随着弹丸撞击速度的增加而增大；v_p=8.0～10.0 km/s 时，弹坑深度和弹坑直径随着弹丸撞击速度的增加而减小。

综上所述，对于球形弹丸，当弹丸直径相同时，随着弹丸撞击速度的增加，弹丸对厚板的损伤能力是变化的。当 v_p=1.0～8.0 km/s 和 v_p=10.0～12.0 km/s 时，弹丸对厚板的损伤能力随着弹丸撞击速度的增加而增加；当 v_p=8.0～10.0 km/s 时，弹丸对厚板的损伤能力随着弹丸撞击速度的增加而减弱。

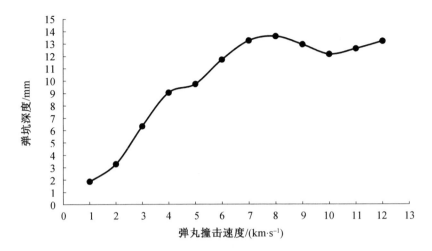

图 3.4　弹坑深度随弹丸撞击速度的变化曲线

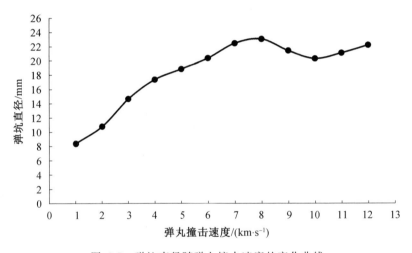

图 3.5　弹坑直径随弹丸撞击速度的变化曲线

3.4　圆柱形弹丸对成坑特性的影响

3.4.1　弹丸撞击速度的影响

选取 12 组 $L/D=5.0$(其中长 $L=15.325$ mm,直径 $D=3.065$ mm),$v_\mathrm{p}=1.0\sim12.0$ km/s 的圆柱形弹丸,进行成坑特性研究。不同弹丸撞击速度下的弹坑深度及弹坑直径见表 3.4,成坑形态的数值模拟结果如图 3.6 所示。图 3.7 和

图 3.8 分别给出了弹坑深度及弹坑直径随弹丸撞击速度的变化曲线。由图 3.7 和图 3.8 可见,弹坑深度和弹坑直径随着弹丸撞击速度的变化规律也基本一致: $v_p = 1.0 \sim 10.0$ km/s 时,弹坑深度和弹坑直径随着弹丸撞击速度的增加而增大;而 $v_p = 10.0 \sim 12.0$ km/s 时,弹坑深度和弹坑直径随着弹丸撞击速度的增加而减小。

表 3.4 不同弹丸撞击速度下的弹坑尺寸

工况	$v_p/(\text{km} \cdot \text{s}^{-1})$	L/D	弹丸尺寸/mm	弹坑深度/mm	弹坑直径/mm
1	1.0	5.0	$L=15.325, D=3.065$	1.64	6.12
2	2.0	5.0	$L=15.325, D=3.065$	8.50	6.82
3	3.0	5.0	$L=15.325, D=3.065$	14.02	8.78
4	4.0	5.0	$L=15.325, D=3.065$	19.23	11.06
5	5.0	5.0	$L=15.325, D=3.065$	18.51	12.96
6	6.0	5.0	$L=15.325, D=3.065$	20.26	14.48
7	7.0	5.0	$L=15.325, D=3.065$	20.30	14.72
8	8.0	5.0	$L=15.325, D=3.065$	20.42	15.38
9	9.0	5.0	$L=15.325, D=3.065$	20.54	15.56
10	10.0	5.0	$L=15.325, D=3.065$	22.60	17.94
11	11.0	5.0	$L=15.325, D=3.065$	21.27	16.02
12	12.0	5.0	$L=15.325, D=3.065$	19.43	13.86

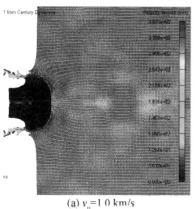
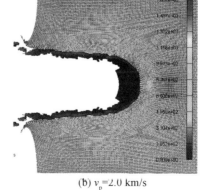

(a) $v_p = 1.0$ km/s   (b) $v_p = 2.0$ km/s

图 3.6 不同弹丸撞击速度下成坑形态的数值模拟结果(彩图见附录)

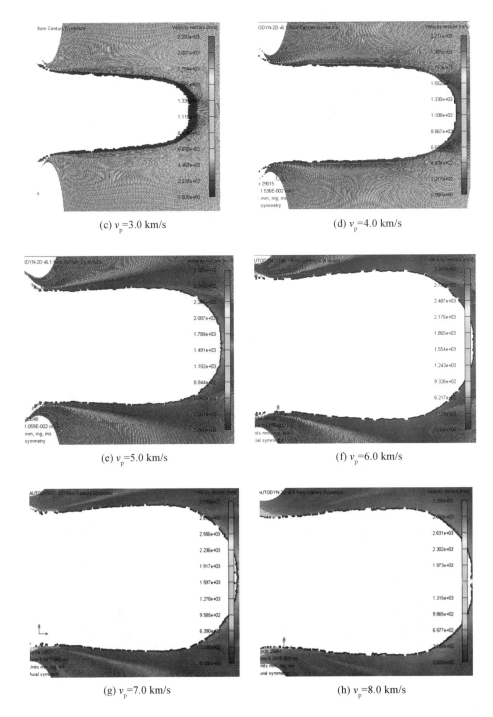

(c) $v_p=3.0$ km/s

(d) $v_p=4.0$ km/s

(e) $v_p=5.0$ km/s

(f) $v_p=6.0$ km/s

(g) $v_p=7.0$ km/s

(h) $v_p=8.0$ km/s

续图 3.6

第 3 章　厚铝板成坑研究

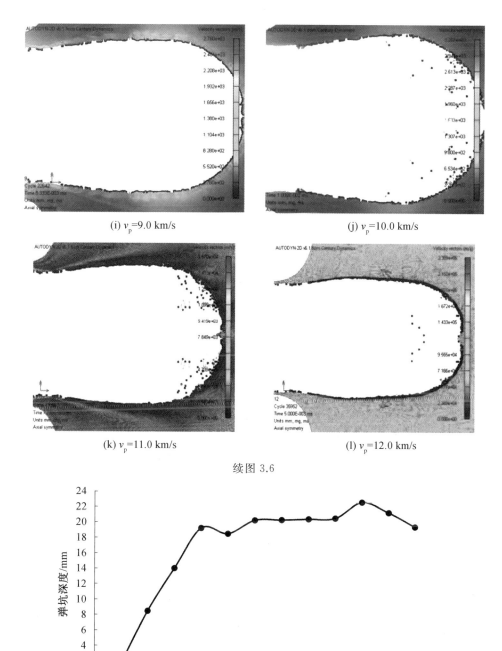

(i) v_p=9.0 km/s

(j) v_p=10.0 km/s

(k) v_p=11.0 km/s

(l) v_p=12.0 km/s

续图 3.6

图 3.7　弹坑深度随弹丸撞击速度的变化曲线

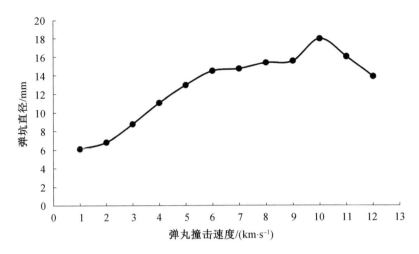

图 3.8 弹坑直径随弹丸撞击速度的变化曲线

综上所述,对于弹丸长径比相同的圆柱形弹丸,在本书的研究范围内:当 $v_p=1.0\sim10.0$ km/s 时,随着弹丸撞击速度的增加,弹丸对厚板的损伤能力增强;当 $v_p=10.0\sim12.0$ km/s 时,随着弹丸撞击速度的增加,弹丸对厚板的损伤能力减弱。

3.4.2 弹丸长径比的影响

选取 12 组数值模拟工况,研究圆柱形弹丸长径比对成坑特性的影响。弹丸质量相同,$v_p=3.0$ km/s,$L/D=0.1\sim20.0$。不同长径比的圆柱形弹丸撞击厚板时,弹坑深度及弹坑直径见表 3.5,成坑形态的数值模拟结果如图 3.9 所示。图 3.10 和图 3.11 分别给出了弹坑深度及弹坑直径随弹丸长径比的变化曲线。由图 3.9 可见,弹坑形状从矩形逐渐变成试管状。由图 3.10 可见弹坑深度随着长径比的增加而逐渐增大。由图 3.11 可见,当圆柱形弹丸 $L/D=0.1\sim0.8$ 时,弹坑直径随着弹丸长径比的增加逐渐增大;当圆柱形弹丸 $L/D=1.0\sim20.0$ 时,弹坑直径随着弹丸长径比的增加逐渐减小。

表 3.5 不同长径比的圆柱形弹丸撞击厚板所得弹坑尺寸

工况	L/D	弹丸尺寸 /mm	v_p/(km·s^{-1})	弹坑深度 /mm	弹坑直径 /mm
1	0.1	$L=1.129,D=11.29$	3.0	0.65	13.90
2	0.4	$L=2.845\,6,D=7.114$	3.0	3.86	13.98
3	0.8	$L=4.516\,8,D=5.646$	3.0	6.68	16.06
4	1.0	$L=5.241,D=5.241$	3.0	6.36	14.24

续表3.5

工况	L/D	弹丸尺寸/mm	$v_p/(\text{km}\cdot\text{s}^{-1})$	弹坑深度/mm	弹坑直径/mm
5	1.2	$L=5.9184, D=4.932$	3.0	7.20	14.06
6	1.6	$L=7.1696, D=4.481$	3.0	8.14	12.92
7	1.9	$L=8.0408, D=4.232$	3.0	8.86	12.38
8	3.0	$L=10.902, D=3.634$	3.0	11.04	10.62
9	5.0	$L=15.325, D=3.065$	3.0	14.02	8.78
10	8.0	$L=20.96, D=2.62$	3.0	19.14	7.44
11	12.0	$L=27.48, D=2.29$	3.0	23.51	6.54
12	20.0	$L=38.6, D=1.93$	3.0	32.12	2.99

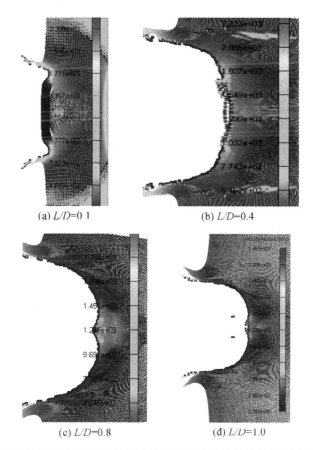

(a) L/D=0.1 (b) L/D=0.4

(c) L/D=0.8 (d) L/D=1.0

图 3.9 不同长径比圆柱形弹丸撞击的成坑形态数值模拟结果(彩图见附录)

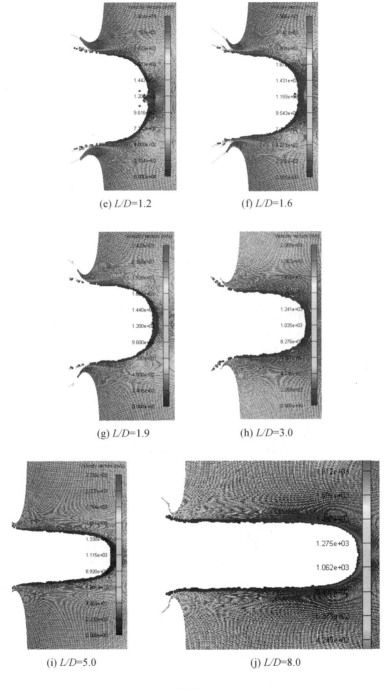

(e) $L/D=1.2$ (f) $L/D=1.6$

(g) $L/D=1.9$ (h) $L/D=3.0$

(i) $L/D=5.0$ (j) $L/D=8.0$

续图 3.9

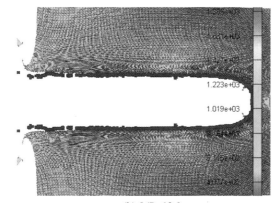

(k) L/D=12.0

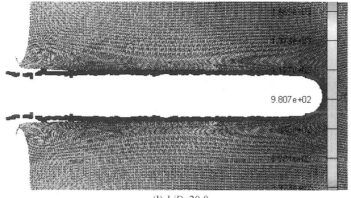

(l) L/D=20.0

续图 3.9

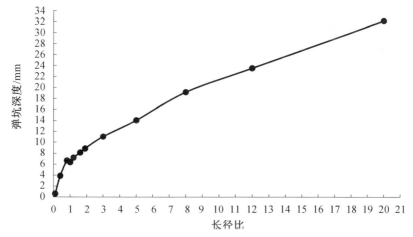

图 3.10 弹坑深度随弹丸长径比的变化曲线

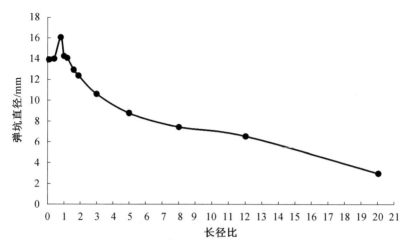

图 3.11 弹坑直径随弹丸长径比的变化曲线

综上所述,在相同质量及撞击速度条件下,随着圆柱形弹丸长径比的增加,弹坑深度增加,即弹丸对厚板的损伤能力增强。

3.5 本章小结

采用 Lagrange 法与 SPH 法耦合的方法对球形弹丸及圆柱形弹丸超高速撞击半无限厚合金铝板的成坑特性进行数值模拟,可以得到如下结论:

(1) 对于球形弹丸,当弹丸直径相同时,弹丸对厚板的损伤能力随着弹丸撞击速度的增加而发生变化。

(2) 对于具有相同质量的圆柱形弹丸,当弹丸撞击速度相同时,弹丸对厚板的损伤能力随着弹丸长径比的增加而增强。

第4章
单层薄铝板穿孔研究

4.1 引　　言

单层薄铝板穿孔研究选择了两种形状的弹丸：球形和圆柱形。弹丸和薄铝板材料分别为 Al 2A12、Al 6061 铝合金。本章将对下列问题进行研究：

(1) 球形弹丸撞击时，分别对弹丸直径、弹丸撞击速度及板厚对穿孔特性的影响进行研究：弹丸直径 $d_p=1.0\sim 10.0$ mm，弹丸撞击速度 $v_p=1.5\sim 12.0$ km/s，板厚 $t=1.00\sim 4.00$ mm。

(2) 圆柱形弹丸撞击时，分别对弹丸长度、弹丸直径(指圆柱形弹丸的底面直径)、弹丸撞击速度、板厚对穿孔特性的影响进行研究：弹丸长度 $L=2.0\sim 7.0$ mm，弹丸底面直径 $D=3.0\sim 7.0$ mm，弹丸撞击速度 $v_p=2.0\sim 7.0$ km/s，板厚 $t=1.0\sim 3.0$ mm。

4.2　数值模型的建立

由于球形弹丸正撞击问题具有轴对称性，故建立二维轴对称模型，如图4.1所示，薄铝板大小为 20 mm×1 mm。使用 AUTODYN 软件的 Lagrange 网格法进行计算，网格大小为 0.05 mm×0.05 mm。

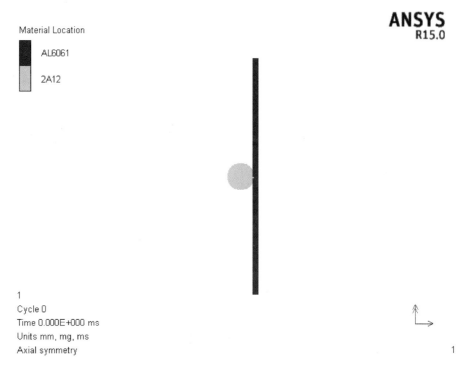

图 4.1 二维轴对称模型

选取试验工况对数值模型进行验证。试验工况选取文献[14]中哈尔滨工业大学的一组试验工况,球形弹丸材料和薄铝板材料分别为 Al 2A12、Al 6061 铝合金,$t=1.00$ mm,$d_p=3.96\sim 5.97$ mm,$v_p=3.29\sim 4.81$ km/s,正撞击。薄铝板穿孔试验结果和数值模拟结果如图 4.2 和图 4.3 所示,其中 $d_p=4.98$ mm,$v_p=3.29$ km/s。

比较图 4.2 和图 4.3 可见,弹丸高速撞击薄铝板后,薄铝板均出现了圆形穿孔,穿孔边缘整齐,无裂纹和撕裂现象。

将试验结果与数值模拟计算结果进行比较,见表 4.1。由表可见,试验结果与数值模拟结果的相对误差最大值为 5.77%,最小值为 0.29%,所以试验结果与数值模拟结果吻合较好。

第 4 章　单层薄铝板穿孔研究

图 4.2　薄铝板穿孔试验结果

(a) 薄铝板穿孔数值模拟损伤结果　　　　(b) 薄铝板穿孔碎片云数值模拟图片

图 4.3　薄铝板穿孔数值模拟结果

表 4.1　薄铝板穿孔直径试验结果与数值模拟结果比较

工况	d_p/mm	v_p/(km·s^{-1})	t/mm	试验结果/mm	数值模拟结果/mm	相对误差/%
1	3.96	4.24	1.00	7.00	7.02	0.29
2	3.96	4.81	1.00	7.36	7.48	1.63
3	4.10	3.42	1.00	6.68	6.83	2.25
4	4.23	3.62	1.00	6.76	7.15	5.77
5	4.23	4.46	1.00	7.10	7.35	3.52
6	4.89	4.03	1.00	7.82	8.21	4.99
7	4.89	4.27	1.00	7.81	8.22	5.25

续表4.1

工况	d_p/mm	v_p/(km·s^{-1})	t/mm	试验结果/mm	数值模拟结果/mm	相对误差/%
8	4.89	4.39	1.00	7.84	8.28	5.61
9	4.89	4.55	1.00	7.98	8.30	4.01
10	4.98	3.29	1.00	7.20	7.42	3.06
11	4.98	3.52	1.00	7.48	7.70	2.94
12	4.98	4.00	1.00	7.86	8.12	3.31
13	4.98	4.13	1.00	7.90	8.20	3.80
14	4.98	4.27	1.00	7.94	8.25	3.90
15	5.07	3.45	1.00	7.38	7.80	5.69
16	5.07	3.73	1.00	7.60	7.90	3.95
17	5.07	4.31	1.00	8.50	8.60	1.18
18	5.16	4.46	1.00	8.20	8.53	4.02
19	5.56	4.10	1.00	8.68	8.98	3.46
20	5.84	3.43	1.00	8.22	8.42	2.43
21	5.84	3.52	1.00	8.25	8.53	3.39
22	5.84	3.68	1.00	8.38	8.84	5.49
23	5.84	4.31	1.00	9.02	9.27	2.77
24	5.97	4.39	1.00	8.90	9.32	4.72

4.3 球形弹丸情形

为了分析高速撞击下薄铝板穿孔直径随弹丸直径、弹丸撞击速度及板厚变化的规律,共设计了52个数值模拟工况进行数值模拟研究,具体工况见表4.2,其中弹丸直径 $d_p = 1.0 \sim 10.0$ mm,弹丸撞击速度 $v_p = 1.5 \sim 12.0$ km/s,板厚 $t =$

1.0～4.0 mm。

表 4.2　数值模拟工况

工况	d_p/mm	v_p/(km·s^{-1})	t/mm	工况	d_p/mm	v_p/(km·s^{-1})	t/mm
1	1.0	5.0	1.00	27	3.0	5.0	1.00
2	1.5	5.0	1.00	28	3.0	5.5	1.00
3	2.0	5.0	1.00	29	3.0	6.0	1.00
4	2.5	5.0	1.00	30	3.0	6.5	1.00
5	3.0	5.0	1.00	31	3.0	7.0	1.00
6	3.5	5.0	1.00	32	3.0	7.5	1.00
7	4.0	5.0	1.00	33	3.0	8.0	1.00
8	4.5	5.0	1.00	34	3.0	8.5	1.00
9	5.0	5.0	1.00	35	3.0	9.0	1.00
10	5.5	5.0	1.00	36	3.0	9.5	1.00
11	6.0	5.0	1.00	37	3.0	10.0	1.00
12	6.5	5.0	1.00	38	3.0	10.5	1.00
13	7.0	5.0	1.00	39	3.0	11.0	1.00
14	7.5	5.0	1.00	40	3.0	12.0	1.00
15	8.0	5.0	1.00	41	4.0	5.5	1.00
16	8.5	5.0	1.00	42	4.0	5.5	1.50
17	9.0	5.0	1.00	43	4.0	5.5	1.75
18	9.5	5.0	1.00	44	4.0	5.5	2.00
19	10.0	5.0	1.00	45	4.0	5.5	2.25
20	3.0	1.5	1.00	46	4.0	5.5	2.50
21	3.0	2.0	1.00	47	4.0	5.5	2.75
22	3.0	2.5	1.00	48	4.0	5.5	3.00
23	3.0	3.0	1.00	49	4.0	5.5	3.25
24	3.0	3.5	1.00	50	4.0	5.5	3.50
25	3.0	4.0	1.00	51	4.0	5.5	3.75
26	3.0	4.5	1.00	52	4.0	5.5	4.00

注：为便于后续小节的分析，重复设置了部分工况，以使分析所用工况序号连续。表 4.3 和表 6.1 同理。

4.3.1 弹丸直径的影响

选取具有相同弹丸撞击速度($v_p = 5.0$ km/s)、板厚($t = 1.00$ mm)及不同弹丸直径($d_p = 1.0 \sim 10.0$ mm)的数值模拟工况 1～19,研究在相同弹丸撞击速度和板厚下弹丸直径对薄铝板穿孔直径的影响。

工况 5、9、15 分别在循环步为 5 000 步、10 000 步、20 000 步、35 000 步时的穿孔直径数值模拟图,如图 4.4～4.6 所示。

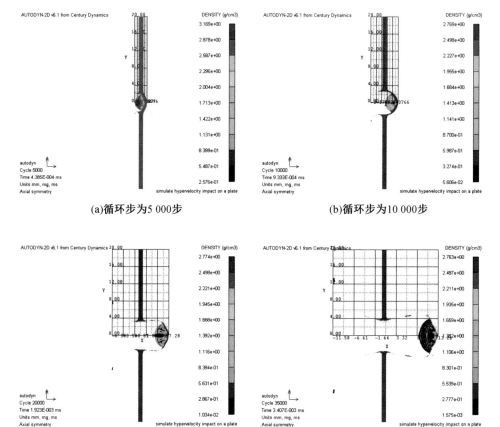

图 4.4 工况 5 在不同循环步下的穿孔直径数值模拟图(彩图见附录)

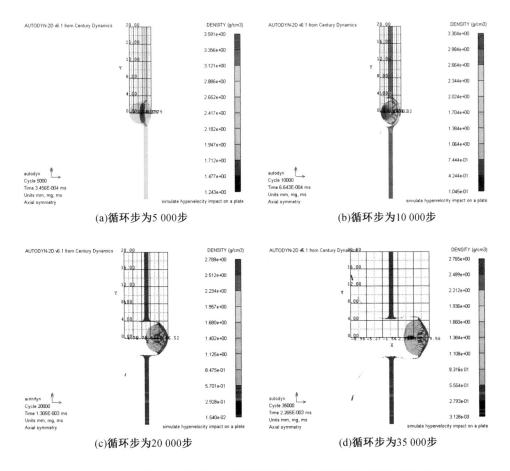

图 4.5 工况 9 在不同循环步下的穿孔直径数值模拟图(彩图见附录)

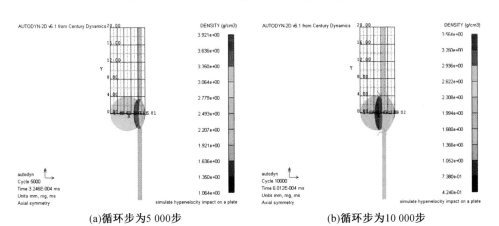

图 4.6 工况 15 在不同循环步下的穿孔直径数值模拟图(彩图见附录)

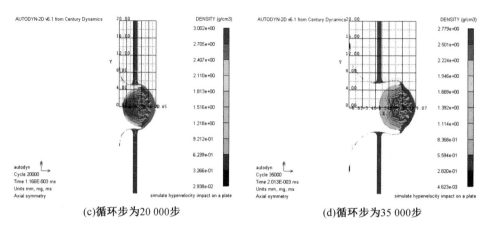

(c)循环步为20 000步　　　　　　　　(d)循环步为35 000步

续图 4.6

在相同的弹丸撞击速度和板厚下,高速撞击下的薄铝板穿孔直径随弹丸直径变化的拟合曲线如图 4.7 所示,薄铝板穿孔直径随着球形弹丸直径的增大而增大,二者接近于正比关系。

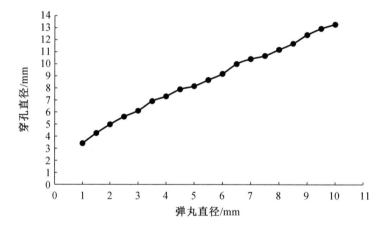

图 4.7　高速撞击下的薄铝板穿孔直径随弹丸直径变化的拟合曲线

4.3.2　弹丸撞击速度的影响

选取具有相同弹丸直径($d_p=3.0$ mm)、板厚($t=1.00$ mm),不同弹丸撞击速度($v_p=1.5\sim 12.0$ km/s)的数值模拟工况 20~40,研究在相同弹丸直径和板厚下弹丸撞击速度对薄铝板穿孔直径的影响。

工况 20、22、25、27、31、34、37、38、39、40 的穿孔直径数值模拟图,如图 4.8 所示。

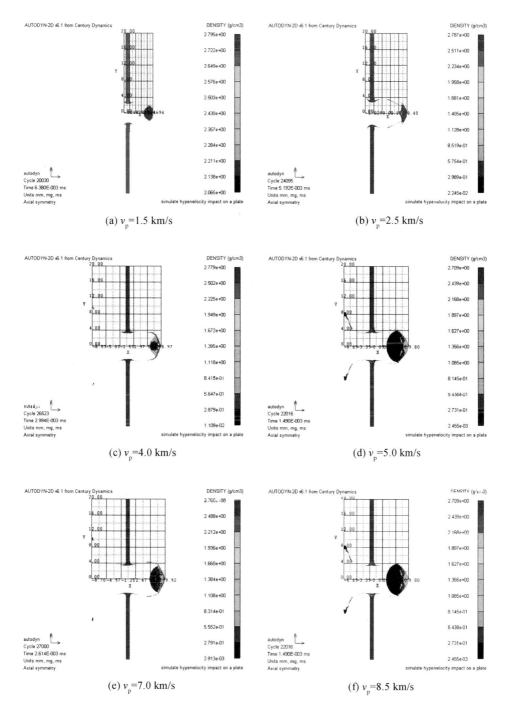

图 4.8 工况 20、22、25、27、31、34、37、38、39、40 穿孔直径数值模拟图（彩图见附录）

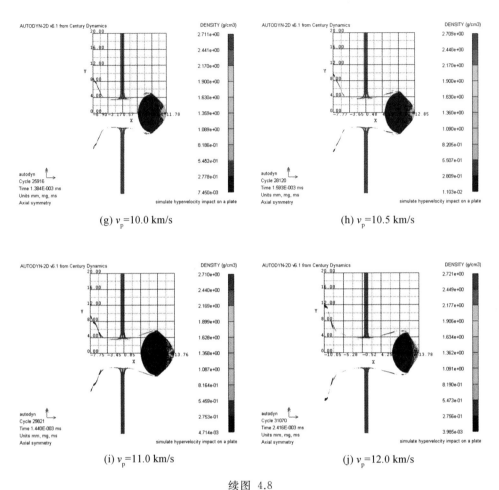

(g) $v_p=10.0$ km/s

(h) $v_p=10.5$ km/s

(i) $v_p=11.0$ km/s

(j) $v_p=12.0$ km/s

续图 4.8

薄铝板穿孔直径随弹丸撞击速度的变化曲线如图 4.9 所示。由图可见,当弹丸直径和板厚不变时,薄铝板穿孔直径随着弹丸撞击速度的增加而增大;但当弹丸撞击速度超过 10.0 km/s 后,穿孔直径基本不随弹丸撞击速度变化而变化,趋近于一固定数值。

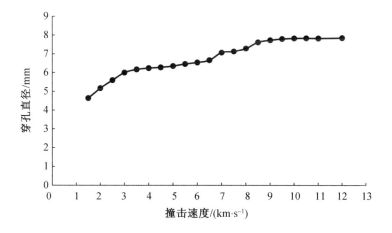

图 4.9　薄铝板穿孔直径随弹丸撞击速度的变化曲线

4.3.3　板厚的影响

选取具有相同弹丸直径(d_p=4.0 mm)、弹丸撞击速度(v_p=5.5 km/s),不同板厚(t=1.00~4.00 mm)的数值模拟工况41~52,研究在相同弹丸直径和弹丸撞击速度下,板厚对穿孔直径的影响。

工况41~52的穿孔直径数值模拟特性比较,如图4.10所示。

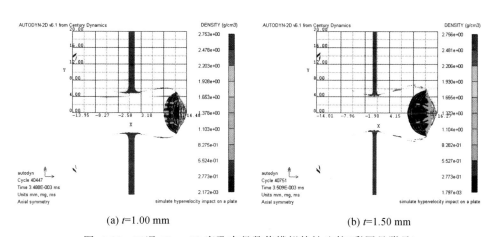

(a) t=1.00 mm　　　　　　　　　(b) t=1.50 mm

图 4.10　工况41~52穿孔直径数值模拟特性比较(彩图见附录)

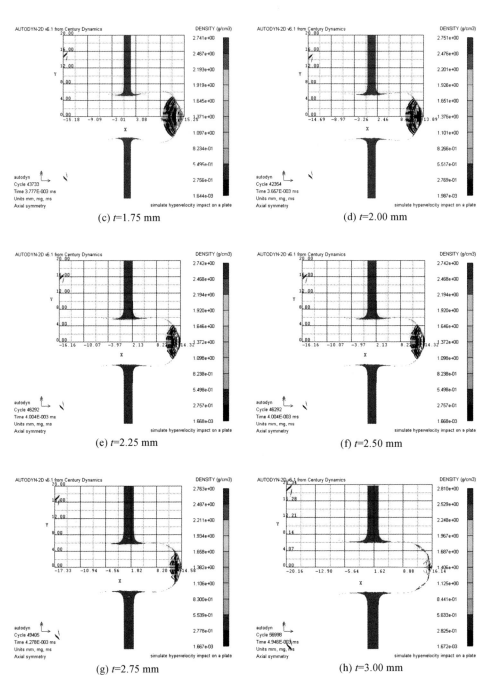

续图 4.10

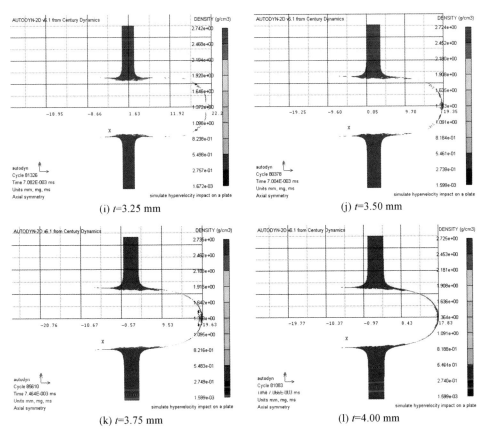

(i) $t=3.25$ mm (j) $t=3.50$ mm

(k) $t=3.75$ mm (l) $t=4.00$ mm

续图 4.10

薄铝板穿孔直径随板厚的变化如图 4.11 所示。可见,当弹丸直径和弹丸撞击速度不变时,薄铝板穿孔直径随着板厚的增加而增大。

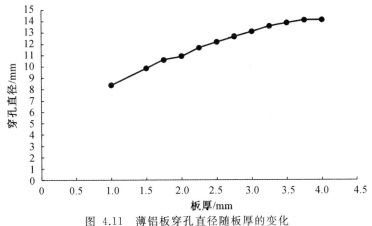

图 4.11 薄铝板穿孔直径随板厚的变化

4.4 圆柱形弹丸情形

设计 22 个数值模拟工况,均采取底面正撞击。弹丸长度 $L=2.0\sim8.0$ mm,弹丸底面直径 $D=2.0\sim7.0$ mm,弹丸撞击速度 $v_p=1.0\sim7.0$ km/s,板厚 $t=1.0\sim3.0$ mm,具体工况见表 4.3。

表 4.3　数值模拟工况

工况	L /mm	D/mm	v_p/(km·s^{-1})	t /mm	工况	L /mm	D/mm	v_p/(km·s^{-1})	t /mm
1	2.0	2.0	5.0	1.0	12	8.0	4.0	2.0	1.0
2	3.0	2.0	5.0	1.0	13	8.0	4.0	3.0	1.0
3	4.0	2.0	5.0	1.0	14	8.0	4.0	4.0	1.0
4	5.0	2.0	5.0	1.0	15	8.0	4.0	5.0	1.0
5	6.0	2.0	5.0	1.0	16	8.0	4.0	6.0	1.0
6	7.0	2.0	5.0	1.0	17	8.0	4.0	7.0	1.0
7	8.0	3.0	5.0	1.0	18	8.0	4.0	5.0	1.0
8	8.0	4.0	5.0	1.0	19	8.0	4.0	5.0	1.5
9	8.0	5.0	5.0	1.0	20	8.0	4.0	5.0	2.0
10	8.0	6.0	5.0	1.0	21	8.0	4.0	5.0	2.5
11	8.0	7.0	5.0	1.0	22	8.0	4.0	5.0	3.0

4.4.1　弹丸长度的影响

选取具有相同弹丸撞击速度($v_p=5.0$ km/s)、板厚($t=1.0$ mm)、弹丸底面直径($D=2.0$ mm)及不同弹丸长度($L=2.0\sim7.0$ mm)的数值模拟工况 1~6,研究弹丸长度对薄铝板穿孔直径的影响。

工况 1、2 在循环步为 10 000 步时的穿孔直径数值模拟图,如图 4.12 所示。

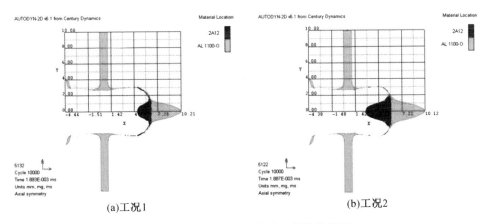

(a)工况1　　　　　　　　　　　　(b)工况2

图 4.12　工况 1、2 穿孔直径数值模拟图

在相同的弹丸撞击速度、弹丸底面直径和板厚下,薄铝板穿孔直径随弹丸长度变化的拟合曲线,如图 4.13 所示。由图可见,穿孔直径随着圆柱形弹丸长度的增大变化很小,即圆柱形弹丸长度对穿孔直径影响不大。

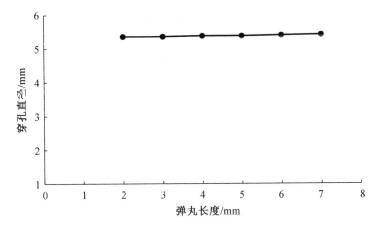

图 4.13　薄铝板穿孔直径随弹丸长度变化的拟合曲线

4.4.2　弹丸底面直径的影响

选取具有相同弹丸撞击速度($v_p = 5.0$ km/s)、板厚($t = 1.0$ mm)、弹丸长度($L = 8.0$ mm)及不同弹丸底面直径($D = 3.0 \sim 7.0$ mm)的数值模拟工况 7～11,研究弹丸底面直径对铝板穿孔直径的影响。

工况 7、8、10 分别在循环步为 2 500 步、5 000 步、10 000 步时的穿孔直径数值模拟图,如图 4.14～4.16 所示。

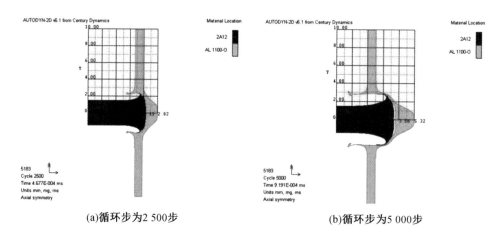

(a)循环步为2 500步　　　　　　　　(b)循环步为5 000步

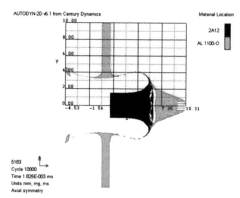

(c)循环步为10 000步

图 4.14　工况 7 穿孔直径数值模拟图

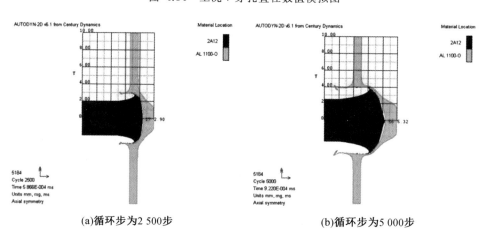

(a)循环步为2 500步　　　　　　　　(b)循环步为5 000步

图 4.15　工况 8 穿孔直径数值模拟图

第 4 章　单层薄铝板穿孔研究

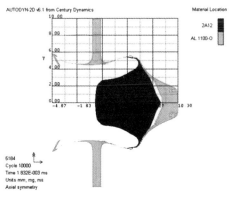

(c)循环步为10 000步

续图 4.15

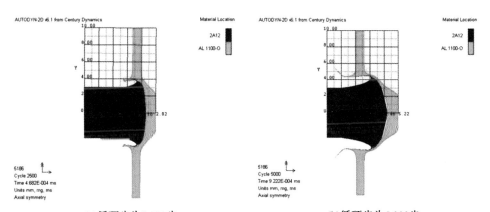

(a)循环步为2 500步　　　　　　　(b)循环步为5 000步

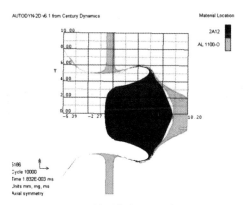

(c)循环步为10 000步

图 4.16　工况 10 穿孔直径数值模拟图

在相同的弹丸撞击速度和板厚下,薄铝板穿孔直径随弹丸底面直径变化的拟合曲线,如图 4.17 所示。由图可见,当弹丸撞击速度和板厚不变时,薄铝板穿孔直径随着圆柱形弹丸底面直径的增大而增大,二者接近于正比关系。

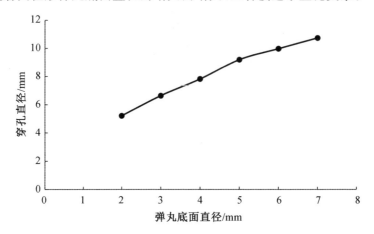

图 4.17 薄铝板穿孔直径随弹丸底面直径变化的拟合曲线

4.4.3 弹丸撞击速度的影响

选取具有相同弹丸底面直径 $D=4.0$ mm、弹丸长度 $L=8.0$ mm、板厚 $t=1.0$ mm、不同弹丸撞击速度($v_p=2.0\sim7.0$ km/s)的数值模拟工况 12～17,研究在相同弹丸长度、弹丸底面直径和板厚下,弹丸底面撞击速度对薄铝板穿孔直径的影响。

工况 12～17 在循环步为 5 000 步、10 000 步时的穿孔直径数值模拟图,如图 4.18 所示。

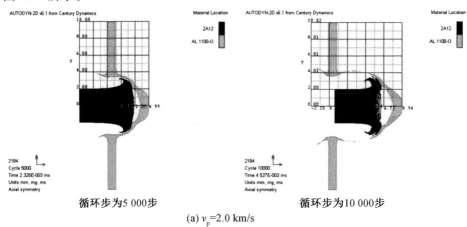

循环步为5 000步　　　　　循环步为10 000步
(a) v_p=2.0 km/s

图 4.18 工况 12～17 穿孔直径数值模拟图

第 4 章　单层薄铝板穿孔研究

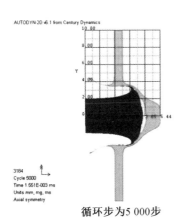

循环步为5 000步

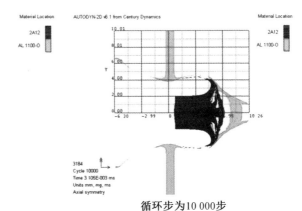

循环步为10 000步

(b) $v_p=3.0$ km/s

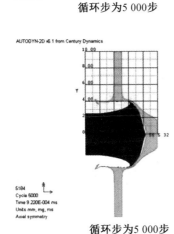

循环步为5 000步

循环步为10 000步

(c) $v_p=4.0$ km/s

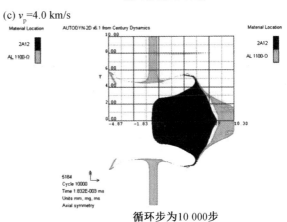

循环步为5 000步

循环步为10 000步

(d) $v_p=5.0$ km/s

续图 4.18

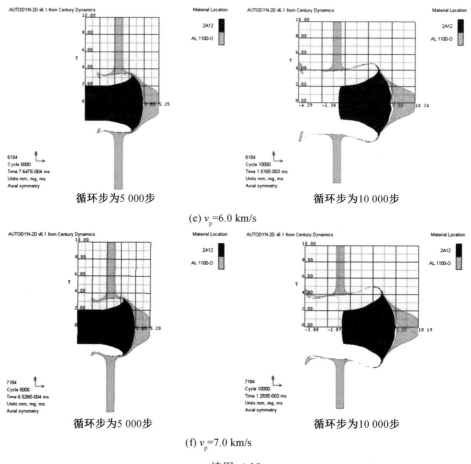

循环步为5 000步　　　　　　　循环步为10 000步

(e) $v_p = 6.0$ km/s

循环步为5 000步　　　　　　　循环步为10 000步

(f) $v_p = 7.0$ km/s

续图 4.18

薄铝板穿孔直径随弹丸撞击速度的变化曲线如图4.19所示。由图可见,当弹丸底面直径和板厚不变时,薄铝板穿孔直径随着弹丸撞击速度的增加而增大,但增大的幅度随着弹丸撞击速度的增加而减小且趋近于一个固定数值。

4.4.4 板厚的影响

选取具有相同弹丸长度($L=8.0$ mm)、弹丸底面直径($D=4.0$ mm)、弹丸撞击速度($v_p=5.0$ km/s)及不同板厚($t=1.0 \sim 3.0$ mm)的数值模拟工况18~22,研究在相同弹丸直径、弹丸长度和弹丸撞击速度下,不同板厚对穿孔直径的影响。

工况18~22在循环步为5 000步、10 000步(由于观察穿孔的原因,部分工况给出15 000步及20 000步)时的穿孔直径数值模拟图,如图4.20所示。

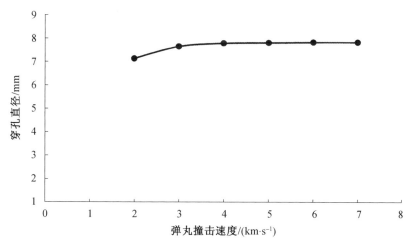

图 4.19 薄铝板穿孔直径随弹丸撞击速度的变化曲线

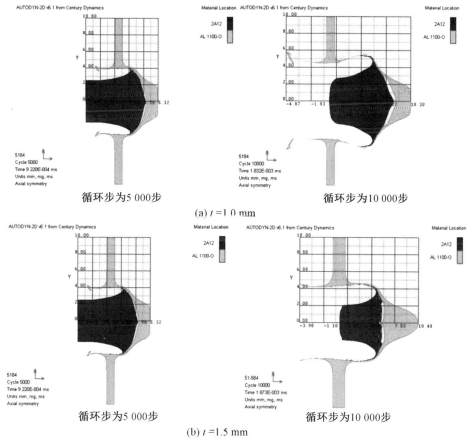

图 4.20 工况 18～22 穿孔直径数值模拟图

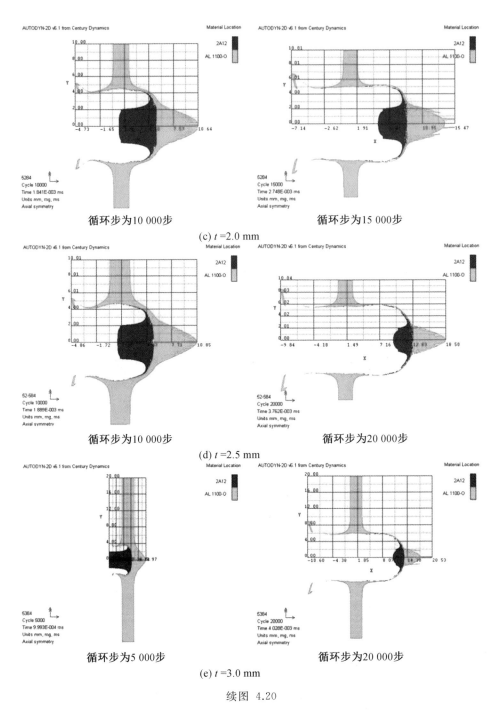

循环步为10 000步　　　　　　循环步为15 000步

(c) $t=2.0$ mm

循环步为10 000步　　　　　　循环步为20 000步

(d) $t=2.5$ mm

循环步为5 000步　　　　　　循环步为20 000步

(e) $t=3.0$ mm

续图 4.20

薄铝板穿孔直径随板厚的变化曲线如图 4.21 所示，当弹丸底面直径和弹丸撞击速度不变时，薄铝板穿孔直径随着板厚的增加而增大，但增大的幅度随着板厚的增加而减小。

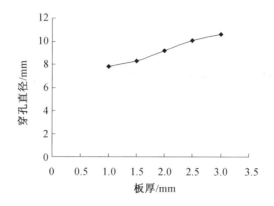

图 4.21　薄铝板穿孔直径随板厚的变化曲线

4.5　本章小结

应用 AUTODYN 软件，采用 Lagrange 法对球形、圆柱形弹丸超高速撞击薄铝板穿孔进行数值模拟研究，结论如下：

(1) 当弹丸为球形时，薄铝板穿孔直径随着球形弹丸直径的增加而增加，并且近似呈正比关系；当弹丸为圆柱形时，穿孔直径随着弹丸直径的增加而增加，并且近似呈正比关系，而弹丸的长度对穿孔直径影响不大。

(2) 薄铝板穿孔直径随着弹丸撞击速度的增加而增加。

(3) 薄铝板穿孔直径随着板厚的增加而增大。

第 5 章

球形弹丸撞击单层板破碎状态研究

5.1 引　　言

该研究选用的弹丸形状为球形。球形弹丸材料和薄铝板材料分别为 Al 2017－T4、Al 6061 铝合金。本章将对下列问题进行研究：

(1) 板厚 $t=1.0$ mm，研究不同弹丸直径下的弹丸临界破碎速度和完全破碎速度，弹丸直径 $d_p=2.0\sim10.0$ mm。

(2) 板厚 $t=1.0$ mm，研究不同弹丸撞击速度下的弹丸临界破碎直径和完全破碎直径，弹丸撞击速度 $v_p=1.3\sim9.0$ km/s。

(3) 弹丸直径 $d_p=4.0$ mm，研究不同弹丸撞击速度下的弹丸临界破碎板厚和完全破碎板厚，弹丸撞击速度 $v_p=2.0\sim3.5$ km/s。

(4) 弹丸撞击速度 $v_p=2.5$ km/s，研究不同弹丸直径下的弹丸临界破碎板厚和完全破碎板厚，弹丸直径 $d_p=2.0\sim10.0$ mm。

5.2 数值模型的建立

采用 SPH 法，应用三维建模，弹丸采用 Al 2017－T4 材料，薄铝板采用 Al 6061 材料，几何模型如图 5.1 所示。

第 5 章 球形弹丸撞击单层板破碎状态研究

(a) 侧视图

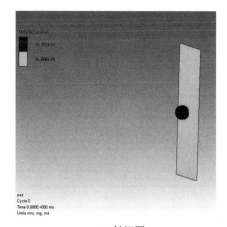

(b) 斜视图

图 5.1 几何模型

对相同工况下的数值模拟结果与试验结果进行了对比，如图 5.2～5.6 所示，试验结果为文献[15]在相同工况下所得到的结果，弹丸撞击速度 $v_p = 5.0 \sim 8.0$ km/s，弹丸直径与板厚比值 $d_p/t = 0.025$。

从图 5.2～5.6 可见，碎片云形态的数值模拟结果和试验结果基本吻合，因此应用 SPH 法能很好地模拟碎片云的形成与扩展状况。

针对撞击产生的碎片云，选取了图 5.7 所示的参考位置，对其速度进行了测量，并与试验结果进行了对比，见表 5.1。从数值模拟结果与试验结果的对比可以看出，相对误差基本维持在 6% 以下，因此数值模拟结果与试验结果吻合，模型有效。

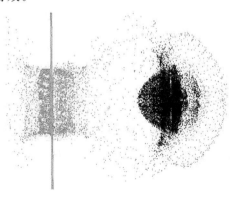

(a) 数值模拟结果

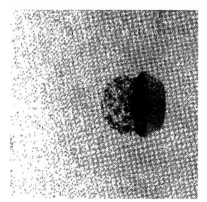

(b) 试验结果

图 5.2 $v_p = 6.7$ km/s，$t = 0.246$ mm

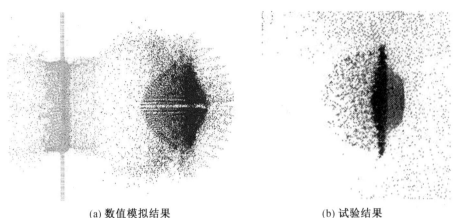

(a) 数值模拟结果　　　　　　　　(b) 试验结果

图 5.3　$v_p = 6.62 \text{ km/s}, t = 0.465 \text{ mm}$

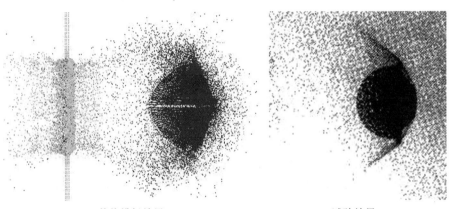

(a) 数值模拟结果　　　　　　　　(b) 试验结果

图 5.4　$v_p = 6.78 \text{ km/s}, t = 0.592 \text{ mm}$

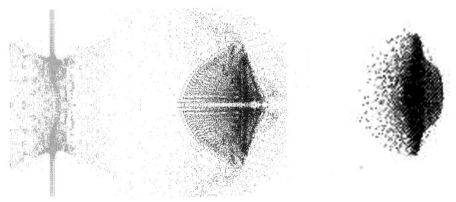

(a) 数值模拟结果　　　　　　　　(b) 试验结果

图 5.5　$v_p = 6.68 \text{ km/s}, t = 0.8 \text{ mm}$

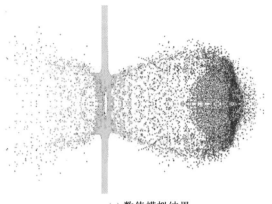
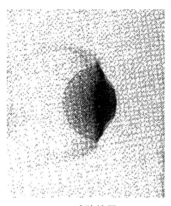

(a) 数值模拟结果　　　　　　　　(b) 试验结果

图 5.6　$v_p = 6.72 \text{ km/s}, t = 1.0 \text{ mm}$

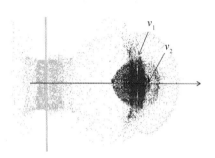

图 5.7　碎片云形态特征参考位置

表 5.1　试验结果与数值模拟结果对比

工况	v_1 试验结果/%	v_1 数值模拟结果/%	v_1 相对误差/%	v_2 试验结果/%	v_2 数值模拟结果/%	v_2 相对误差/%
1	6.59	6.62	0.46	6.90	6.85	0.72
2	6.41	6.36	0.78	6.70	6.66	0.60
3	6.47	6.49	0.31	6.77	6.75	0.30
4	6.22	6.18	0.64	6.41	6.50	1.40
5	5.92	6.23	5.24	6.54	6.57	0.46

5.3 弹丸临界破碎速度和完全破碎速度

对于铝合金的球形弹丸和薄铝板,当弹丸撞击速度不大于 5.7 km/s 时,材料不易发生熔融或者汽化现象,故可忽略这两个因素,只考虑材料从塑性变形到破碎状态时的变化。

板厚 $t=1.0$ mm,确定不同弹丸直径 d_p 下弹丸破碎速度(包括弹丸临界破碎速度 v_{pc} 和弹丸完全破碎速度 v_{pcc})的试验研究步骤如下:首先,选取某一固定弹丸直径的弹丸,以不同弹丸撞击速度撞击薄铝板,确定弹丸破碎速度;其次,根据相同的方法,确定其他直径弹丸的弹丸破碎速度;最后,汇总以上试验结果,经分析得出结论。本书以弹丸直径 $d_p=4.00$ mm 时的弹丸破碎速度试验为例,详细介绍其试验工况并展开相关分析,其他工况的试验过程与此类似,不再赘述,只列出相应的统计图。

弹丸直径 $d_p=4.00$ mm 时,模拟条件如下:板厚 $t=1.00$ mm,弹丸撞击速度 v_p 取 0.05 km/s 的整数倍。弹丸的破碎情况见表 5.2,弹丸的破碎状态如图 5.8 所示。由图可见,随着弹丸撞击速度的增加,弹丸破碎得越来越细化。

表 5.2 $d_p=4.00$ mm 时,不同弹丸撞击速度下弹丸的破碎情况

工况	d_p/mm	v_p/(km·s^{-1})	t/mm	破碎状态
1	4.00	9.00	1.00	完全破碎
2	4.00	8.00	1.00	完全破碎
3	4.00	7.00	1.00	完全破碎
4	4.00	6.50	1.00	完全破碎
5	4.00	6.00	1.00	整体几乎破碎
6	4.00	5.50	1.00	整体几乎破碎
7	4.00	5.00	1.00	大部分破碎
8	4.00	4.50	1.00	大部分破碎
9	4.00	4.00	1.00	大部分破碎
10	4.00	3.00	1.00	大部分破碎
11	4.00	2.50	1.00	少部分破碎
12	4.00	2.30	1.00	少部分破碎
13	4.00	2.00	1.00	少部分破碎
14	4.00	1.80	1.00	整体几乎未破碎
15	4.00	1.70	1.00	整体几乎未破碎

续表5.2

工况	d_p/mm	v_p/(km·s^{-1})	t/mm	破碎状态
16	4.00	1.60	1.00	整体几乎未破碎
17	4.00	1.50	1.00	发生形变
18	4.00	1.30	1.00	整体基本完好

(a) v_p=9.00 km/s

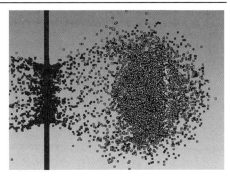

(b) v_p=8.00 km/s

(c) v_p=7.00 km/s

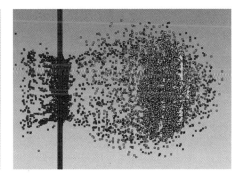

(d) v_p=6.50 km/s

(e) v_p=6.00 km/s

(f) v_p=5.50 km/s

图 5.8 $d_p = 4.00$ mm 时,不同弹丸撞击速度下弹丸的破碎状态

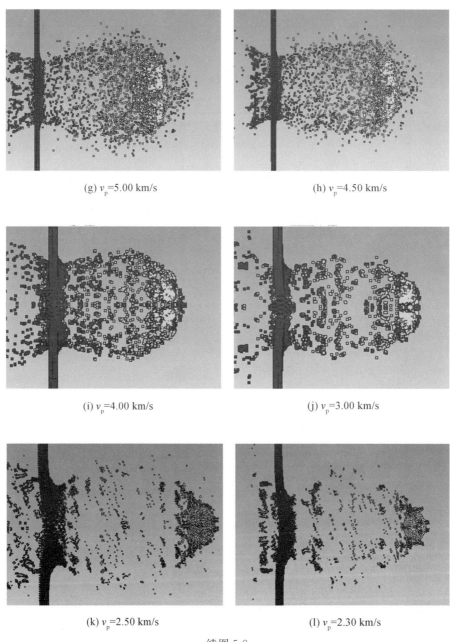

(g) $v_p=5.00$ km/s (h) $v_p=4.50$ km/s

(i) $v_p=4.00$ km/s (j) $v_p=3.00$ km/s

(k) $v_p=2.50$ km/s (l) $v_p=2.30$ km/s

续图 5.8

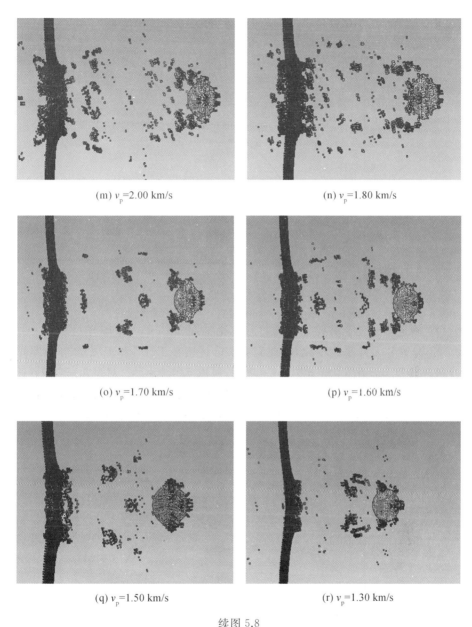

续图 5.8

(1) 确定弹丸临界破碎速度 v_{pc}。由图 5.8 所示的弹丸破碎状态可以得出,当板厚 $t=1.00$ mm 和弹丸直径 $d_p=4.00$ mm 时,工况 18 的弹丸基本无形变,而工况 17 则有较明显的形变,弹丸临界破碎速度 v_{pc} 在 $1.30\sim1.50$ km/s 之间,取中间值 1.40 km/s。根据上述的计算方法,可以进一步确定不同弹丸直径下弹丸破碎的临界速度。当 $t=1.00$ mm 时,v_{pc} 与 d_p 的关系曲线如图 5.9 所示。弹丸临界

破碎速度 v_{pc} 随着弹丸直径 d_p 的增加而增加，近似为正比关系。

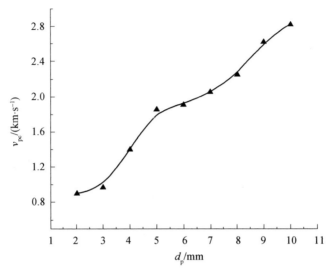

图 5.9 当 $t=1.0$ mm 时，v_{pc} 与 d_p 的关系曲线

（2）确定弹丸完全破碎速度 v_{pcc}。对比工况 1～4 四张图片（图 5.8(a)～(d)）可知，碎片云几乎无变化，因此完全破碎速度在工况 5 和工况 6 之间，即弹丸完全破碎速度 v_{pcc} 在 6.0～6.5 km/s 之间，可取 6.25 km/s。对弹丸完全破碎速度 v_{pcc} 和弹丸直径 d_p 的关系进行拟合。当 $t=1.0$ mm 时，v_{pcc} 与 d_p 的关系曲线如图 5.10 所示，弹丸完全破碎速度 v_{pcc} 随着弹丸直径 d_p 的增加而增加，近似为正比关系。

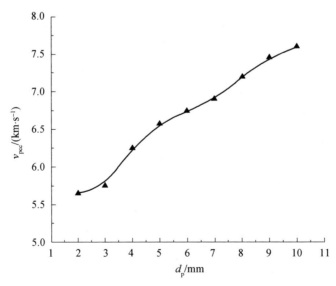

图 5.10 当 $t=1.0$ mm 时，v_{pcc} 与 d_p 的关系曲线

5.4 弹丸临界破碎直径和完全破碎直径

板厚 $t=1.0$ mm,确定不同弹丸撞击速度 v_p 下弹丸破碎直径(包括弹丸临界破碎直径 d_{pc} 和弹丸完全破碎直径 d_{pcc})的试验研究步骤如下:首先,选取某一固定弹丸撞击速度,用具有不同弹丸直径的弹丸依次撞击薄铝板,确定在该弹丸撞击速度下的弹丸破碎直径;其次,根据相同的方法,确定在其他弹丸撞击速度下的弹丸破碎直径;最后,汇总以上试验结果,经分析得出结论。本书以弹丸撞击速度 $v_p=2.50$ km/s 时的弹丸破碎直径试验为例,详细介绍其试验工况并展开相关分析,其他工况的试验过程与此类似,不再赘述,只列出相应的统计图。

弹丸撞击速度 $v_p=2.50$ km/s 时,模拟条件如下:板厚 $t=1.00$ mm,弹丸直径 $d_p=1.00\sim11.00$ mm。弹丸的破碎情况见表 5.3,弹丸的破碎状态如图 5.11 所示。由图可见,弹丸直径越大,弹丸越不容易发生破碎。

表 5.3 $v_p=2.50$ km/s 时,不同弹丸直径下弹丸的破碎情况

工况	d_p/mm	v_p/(km·s^{-1})	t/mm	破碎状态
1	1.00	2.50	1.00	整体几乎破碎
2	2.00	2.50	1.00	整体几乎破碎
3	3.00	2.50	1.00	大部分破碎
4	4.00	2.50	1.00	大部分破碎
5	6.00	2.50	1.00	大部分破碎
6	7.00	2.50	1.00	少部分破碎
7	8.00	2.50	1.00	少部分破碎
8	9.00	2.50	1.00	少部分破碎
9	9.50	2.50	1.00	发生形变
10	10.00	2.50	1.00	整体未破碎
11	11.00	2.50	1.00	整体未破碎

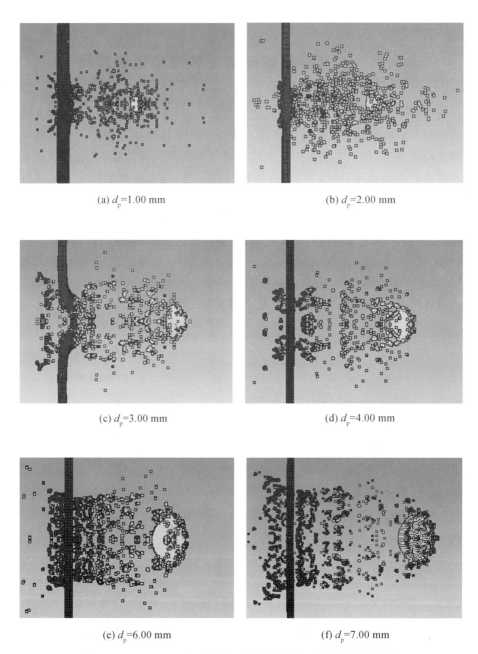

(a) d_p=1.00 mm
(b) d_p=2.00 mm
(c) d_p=3.00 mm
(d) d_p=4.00 mm
(e) d_p=6.00 mm
(f) d_p=7.00 mm

图 5.11　$v_p = 2.50$ km/s 时，不同弹丸直径下弹丸的破碎状态

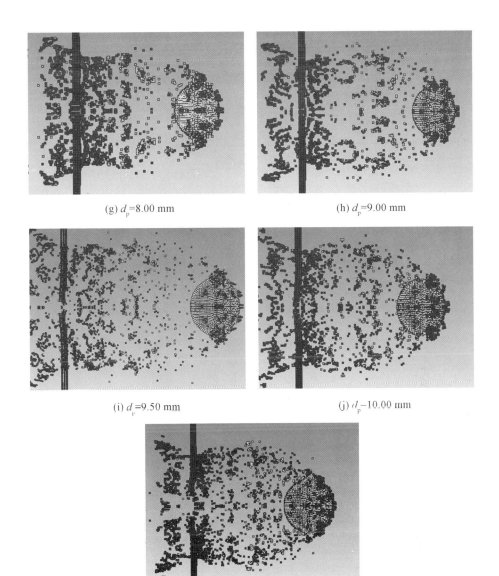

(g) $d_p=8.00$ mm

(h) $d_p=9.00$ mm

(i) $d_p=9.50$ mm

(j) $d_p=10.00$ mm

(k) $d_p=11.00$ mm

续图 5.11

改变弹丸撞击速度 v_p,重复上述试验,获得不同弹丸撞击速度 v_p 下的弹丸临界破碎直径 d_{pc} 和弹丸完全破碎直径 d_{pcc},完成如下数据拟合与分析过程。

(1)确定弹丸临界破碎直径 d_{pc}。对弹丸临界破碎直径 d_{pc} 和弹丸撞击速度 v_p 的关系进行拟合。当 $t=1.00$ mm 时,d_{pc} 与 v_p 的关系曲线如图 5.12 所示,可见弹丸破碎的临界直径 d_{pc} 随着弹丸撞击速度 v_p 的增加而增加。

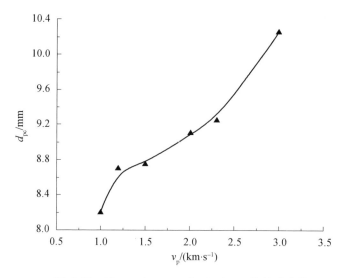

图 5.12 当 $t = 1.0$ mm 时,d_{pc} 与 v_p 的关系曲线

（2）确定弹丸完全破碎直径 d_{pcc}。对弹丸完全破碎直径 d_{pcc} 和弹丸撞击速度 v_p 的关系进行拟合。当 $t = 1.00$ mm 时,d_{pcc} 与 v_p 的关系曲线如图 5.13 所示,可见弹丸完全破碎直径 d_{pcc} 随弹丸撞击速度 v_p 的增大而增加。

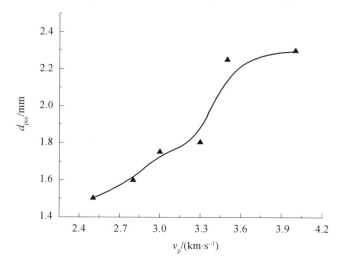

图 5.13 当 $t = 1.0$ mm 时,d_{pcc} 与 v_p 的关系曲线

5.5 弹丸临界破碎板厚和完全破碎板厚

确定不同弹丸撞击速度 v_p、弹丸直径 d_p 下弹丸破碎板厚(包括弹丸临界破碎板厚 t_{pc} 和弹丸完全破碎板厚 t_{pcc})的试验研究步骤如下:首先,选取具有某一固定弹丸撞击速度和弹丸直径的弹丸撞击不同厚度的薄铝板,确定弹丸破碎板厚;然后,根据相同的方法,确定其他弹丸撞击速度和弹丸直径的弹丸,其弹丸破碎板厚。本书以弹丸撞击速度 $v_p=2.00$ km/s、弹丸直径 $d_p=4.00$ mm 时的弹丸破碎板厚试验为例,详细介绍其试验工况并展开相关分析,其他工况的试验过程与此类似,不再赘述,只列出相应的统计图。

模拟条件如下:$v_p=2.00$ km/s,$d_p=4.00$ mm。弹丸的破碎情况见表5.4,弹丸的破碎状态如图 5.14 所示。由图可见,板厚越大,弹丸越容易发生破碎。

表 5.4 $v_p=2.00$ km/s,$d_p=4.00$ mm 时,不同板厚下弹丸的破碎情况

工况	d_p/mm	v_p/(km·s^{-1})	t/mm	破碎状态
1	4.00	2.00	0.4	整体几乎无破碎
2	4.00	2.00	0.5	整体几乎无破碎
3	4.00	2.00	0.7	整体几乎无破碎
4	4.00	2.00	0.8	发生形变
5	4.00	2.00	0.9	少部分破碎
6	4.00	2.00	1.0	少部分破碎
7	4.00	2.00	1.1	少部分破碎
8	4.00	2.00	1.2	少部分破碎
9	4.00	2.00	1.5	少部分破碎
10	4.00	2.00	2.0	大部分破碎
11	4.00	2.00	3.0	大部分破碎
12	4.00	2.00	3.5	整体几乎破碎
13	4.00	2.00	4.0	完全破碎

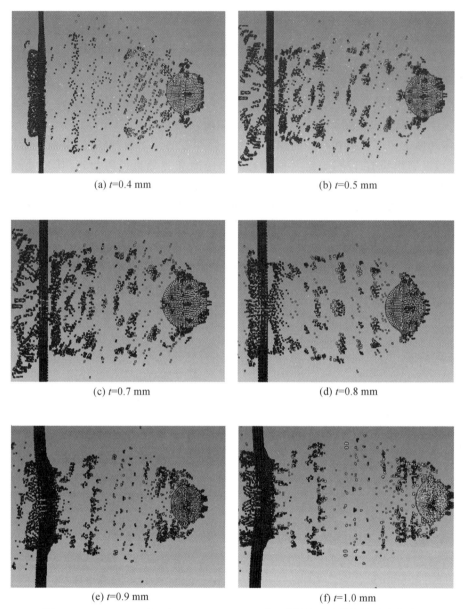

图 5.14 $v_p = 2.00$ km/s, $d_p = 4.00$ mm 时,不同板厚下弹丸的破碎状态

第 5 章 球形弹丸撞击单层板破碎状态研究

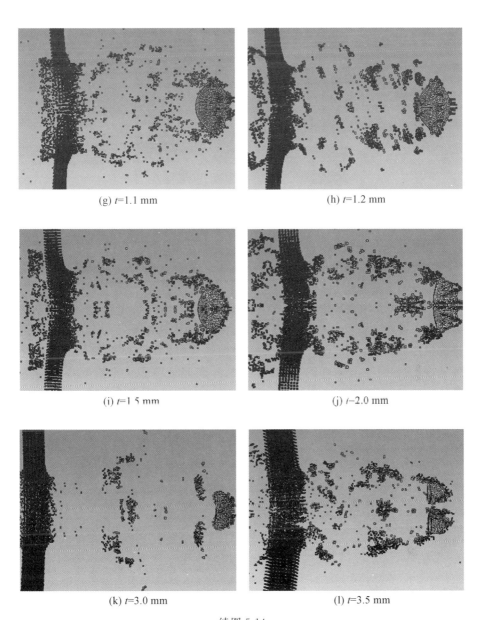

(g) $t=1.1$ mm

(h) $t=1.2$ mm

(i) $t=1.5$ mm

(j) $t=2.0$ mm

(k) $t=3.0$ mm

(l) $t=3.5$ mm

续图 5.14

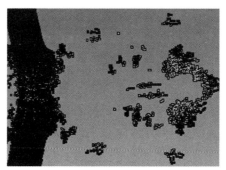

(m) t=4.0 mm

续图 5.14

改变弹丸撞击速度 v_p 和弹丸直径 d_p，重复上述试验，获得不同弹丸撞击速度 v_p 和弹丸直径 d_p 下的弹丸临界破碎板厚 t_{pc} 和弹丸完全破碎板厚 t_{pcc}，完成如下数据拟合与分析过程。

(1) 不同弹丸撞击速度下（弹丸直径 $d_p = 4.00$ mm），确定弹丸临界破碎板厚和完全破碎板厚。弹丸临界破碎板厚 t_{pc} 与弹丸撞击速度 v_p 的关系曲线、弹丸完全破碎板厚 t_{pcc} 与弹丸撞击速度 v_p 的关系曲线分别如图 5.15 和图 5.16 所示。由图可见，随着弹丸撞击速度的增加，弹丸临界破碎板厚和完全破碎板厚均逐渐降低。

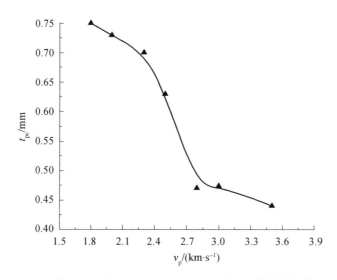

图 5.15 当 $d_p = 4.0$ mm 时，t_{pc} 与 v_p 的关系曲线

(2) 不同弹丸直径下（弹丸撞击速度 $v_p = 2.50$ km/s），确定弹丸临界破碎板厚和完全破碎板厚。弹丸临界破碎板厚 t_{pc} 与弹丸直径 d_p 的关系曲线、弹丸完全

破碎板厚 t_{pcc} 与弹丸直径 d_p 的关系曲线分别如图 5.17 和图 5.18 所示。由图可见，随着弹丸直径的增加，弹丸临界破碎板厚和完全破碎板厚逐渐增加，并近似为正比关系。

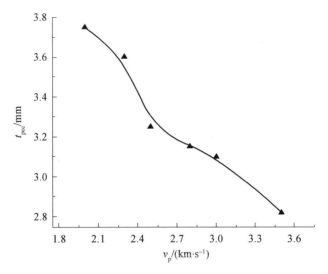

图 5.16　当 $d_p = 4.0$ mm 时，t_{pcc} 与 v_p 的关系曲线

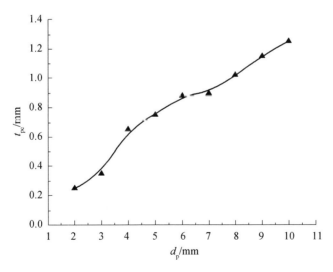

图 5.17　当 $v_p = 2.5$ km/s 时，t_{pc} 与 d_p 的关系曲线

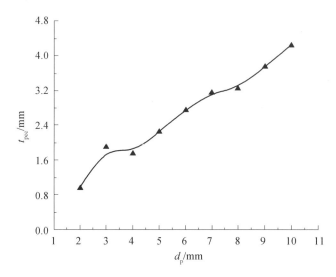

图 5.18 当 $v_p = 2.5$ km/s 时，t_{pcc} 与 d_p 的关系曲线

5.6 本章小结

采用 SPH 法拟合了关于弹丸破碎状态特性的曲线，可得出如下结论：

(1) 弹丸撞击速度越大，碎片云中的碎片越细化，且随着弹丸直径的增加，弹丸临界破碎速度和完全破碎速度也在增加，并近似为正比关系。

(2) 弹丸直径越大，弹丸越不易破碎，弹丸临界破碎直径和完全破碎直径随着弹丸撞击速度的增加而增加。

(3) 板厚越大，弹丸越容易发生破碎，弹丸临界破碎板厚和完全破碎板厚随着弹丸撞击速度的增加而减小，随着弹丸直径的增加而增大，并近似为正比关系。

第 6 章

不同形状弹丸撞击薄铝板碎片云研究

6.1 引 言

该研究所用弹丸形状为球形、圆柱形和锥形。弹丸材料为 Al 2017－T4 铝合金,薄铝板材料均为 Al 2A12 铝合金。本章将对下列问题进行研究：

(1) 球形弹丸:研究弹丸直径、弹丸撞击速度和板厚对碎片云特性的影响。弹丸直径 $d_p=1.5\sim5.0$ mm,弹丸撞击速度 $v_p=1.0\sim8.0$ km/s,板厚 $t=1.0\sim2.5$ mm。

(2) 圆柱形弹丸:研究圆柱形弹丸长径比对碎片云特性的影响。弹丸撞击速度 $v_p=5.0$ km/s,弹丸质量 $m=316$ mg,板厚 $t=1.0$ mm,弹丸长径比 $L/D=0.1\sim20.0$。

(3) 锥形弹丸:研究锥底和锥尖撞击对碎片云特性的影响。弹丸撞击速度 $v_p=5.0$ km/s,$m=316$ mg,弹丸长径比 $L/D=0.1\sim10.0$。

6.2 数值模型的建立

应用 AUTODYN 软件,采用 SPH 法建立二维轴对称模型,如图 6.1 所示。该几何模型计算碎片特性的有效性在第 5 章已进行了验证,本章不再赘述。

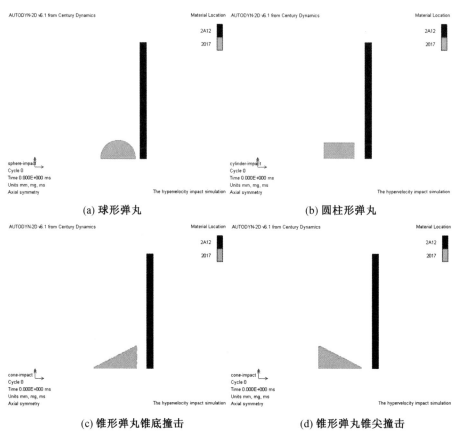

图 6.1 二维轴对称模型

6.3 球形弹丸撞击时碎片云特性

利用 6.2 节建立的模型对球形弹丸正撞击薄铝板形成的碎片云特性进行研究,并讨论弹丸直径、弹丸撞击速度及板厚对碎片云特性的影响。共设计了 30 个数值模拟工况,具体见表 6.1。弹丸直径 $d_p = 1.5 \sim 5.0$ mm,弹丸撞击速度 $v_p = 1.0 \sim 8.0$ km/s,板厚 $t = 1.0 \sim 2.5$ mm。

表 6.1　数值模拟工况

工况	d_p/mm	v_p/(km·s^{-1})	t/mm	工况	d_p/mm	v_p/(km·s^{-1})	t/mm
1	1.5	5.5	1.0	16	3.0	4.5	1.0
2	2.0	5.5	1.0	17	3.0	5.0	1.0
3	2.5	5.5	1.0	18	3.0	5.5	1.0
4	3.0	5.5	1.0	19	3.0	6.0	1.0
5	3.5	5.5	1.0	20	3.0	6.5	1.0
6	4.0	5.5	1.0	21	3.0	7.0	1.0
7	4.5	5.5	1.0	22	3.0	7.5	1.0
8	5.0	5.5	1.0	23	3.0	8.0	1.0
9	3.0	1.0	1.0	24	4.0	5.5	1.0
10	3.0	1.5	1.0	25	4.0	5.5	1.25
11	3.0	2.0	1.0	26	4.0	5.5	1.5
12	3.0	2.5	1.0	27	4.0	5.5	1.75
13	3.0	3.0	1.0	28	4.0	5.5	2.0
14	3.0	3.5	1.0	29	4.0	5.5	2.25
15	3.0	4.0	1.0	30	4.0	5.5	2.5

6.3.1　碎片云形成及扩展分析

选取弹丸撞击速度 $v_p=5.5$ km/s、板厚 $t=1.0$ mm、弹丸直径 $d_p=3.0$ mm 的数值模拟工况,对碎片的形成及扩展进行分析。为了更加形象直观地表示在相同条件下,碎片云扩展随时间的变化,分别选取计算时间为 40 μs、50 μs、60 μs 时碎片云扩展的数值模拟结果进行比较,如图 6.2 所示。由图可见,碎片云轮廓变化不大。

为了更准确地描述碎片的扩展情况,定义碎片云在横向的最大值为碎片云轴向尺寸,碎片云在径向的最大值为碎片云径向尺寸,碎片云轴向尺寸与径向尺寸的比值为碎片云长径比。图 6.3 给出了碎片云长径比随时间变化的拟合曲线,随着时间的增加,碎片云长径比不变,保持为常数,可见随着时间的增加,碎片云的扩展形态是相似的。

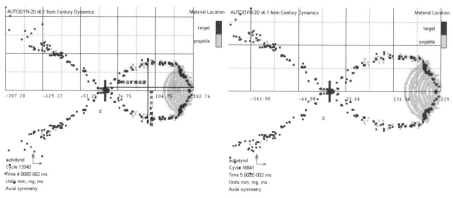

(a) 40 μs   (b) 50 μs

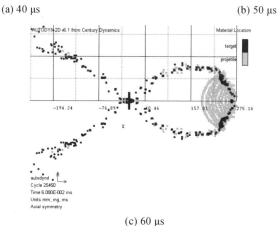

(c) 60 μs

图 6.2　不同时刻碎片云扩展数值模拟结果

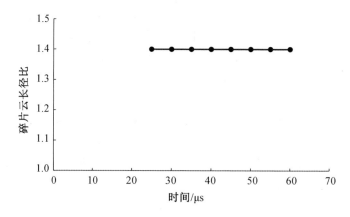

图 6.3　碎片云长径比随时间变化的拟合曲线

6.3.2 弹丸直径的影响

选取具有相同弹丸撞击速度 $v_p=5.5$ km/s、板厚 $t=1.0$ mm 及不同弹丸直径 $d_p=1.5\sim5.0$ mm 的数值模拟工况 1~8,研究在相同弹丸撞击速度和板厚下弹丸直径对碎片云特性的影响。

选取工况 1~6 在 20 μs 时碎片云的数值模拟图片进行比较,如图 6.4 所示。

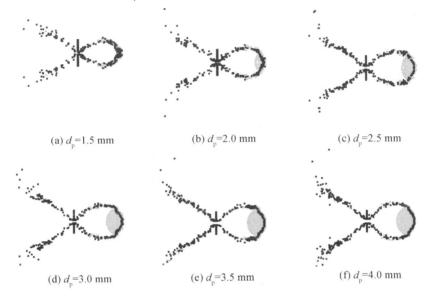

(a) $d_p=1.5$ mm (b) $d_p=2.0$ mm (c) $d_p=2.5$ mm

(d) $d_p=3.0$ mm (e) $d_p=3.5$ mm (f) $d_p=4.0$ mm

图 6.4 工况 1~6 碎片云的数值模拟图片比较

在相同的弹丸撞击速度和板厚下,绘制超高速撞击下碎片云长径比随弹丸直径变化的拟合曲线,如图 6.5 所示。

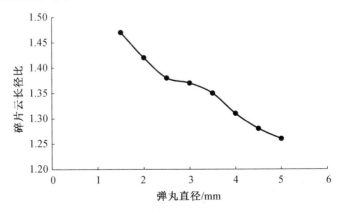

图 6.5 碎片云长径比随弹丸直径变化的拟合曲线

由图 6.4 和图 6.5 可见，随着弹丸直径的增加，碎片云的轴向尺寸和径向尺寸是增加的，而且轴向尺寸增加幅度小于径向尺寸增加幅度，即碎片云长径比是逐渐减小的。

6.3.3 弹丸撞击速度的影响

选取具有相同弹丸直径 $d_p=3.0$ mm、板厚 $t=1.0$ mm 及不同弹丸撞击速度 $v_p=1.0\sim 8.0$ km/s 的数值模拟工况 9～23，研究在相同弹丸直径和板厚下弹丸撞击速度对碎片云的影响。

工况 9～12、14～17、19～22 在 20 μs 时碎片云的数值模拟图片，如图 6.6 所示。

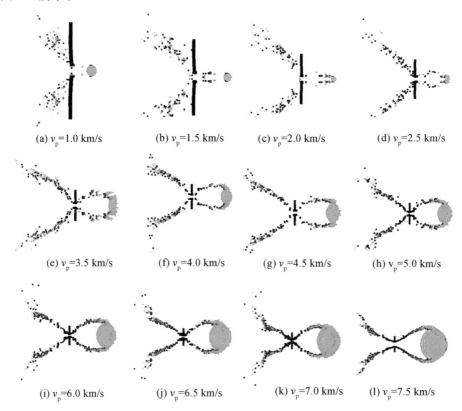

(a) v_p=1.0 km/s   (b) v_p=1.5 km/s   (c) v_p=2.0 km/s   (d) v_p=2.5 km/s

(e) v_p=3.5 km/s   (f) v_p=4.0 km/s   (g) v_p=4.5 km/s   (h) v_p=5.0 km/s

(i) v_p=6.0 km/s   (j) v_p=6.5 km/s   (k) v_p=7.0 km/s   (l) v_p=7.5 km/s

图 6.6 工况 9～12、14～17、19～22 碎片云的数值模拟图片比较

由图 6.6 可见，工况 9～12 即弹丸撞击速度 $v_p=1.0\sim 2.5$ km/s 时，碎片云中弹丸未完全破碎，因此这里不进行比较。在相同的弹丸直径和板厚下，绘制工况 13～23 在超高速撞击时，碎片云长径比随弹丸撞击速度变化的拟合曲线，如图 6.7 所示。

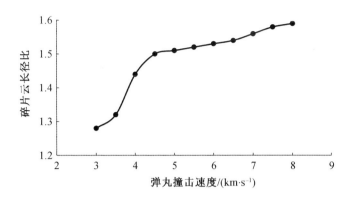

图 6.7 碎片云长径比随弹丸撞击速度变化的拟合曲线

由图 6.6 和图 6.7 可以看出,弹丸撞击速度越高,形成的碎片云在轴向和径向膨胀得越厉害,颗粒越细、越多、越分散。随着弹丸撞击速度的增加,碎片云轴向尺寸增加幅度大于径向尺寸增加幅度,即碎片云的长径比是不断增加的。

6.3.4 板厚的影响

选取具有相同弹丸直径 $d_p=4.0$ mm、弹丸撞击速度 $v_p=5.5$ km/s、板厚 $t=1.0\sim2.5$ mm 的数值模拟工况 24～30,研究在相同弹丸直径和弹丸撞击速度下,不同板厚对碎片云的影响。工况 24～30 的数值模拟图片比较如图 6.8 所示。

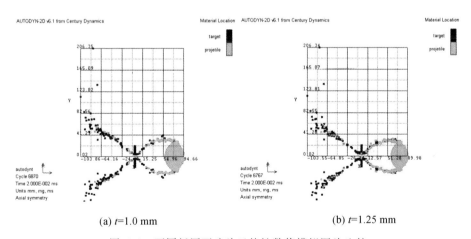

(a) $t=1.0$ mm   (b) $t=1.25$ mm

图 6.8 不同板厚下碎片云特性数值模拟图片比较

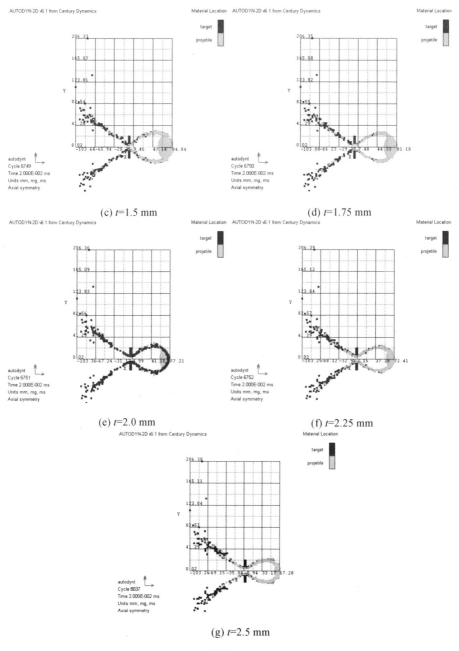

续图 6.8

绘制在相同的弹丸撞击速度和弹丸直径下,碎片云长径比随板厚变化的拟合曲线,如图 6.9 所示。

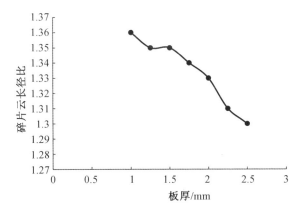

图 6.9　碎片云长径比随板厚变化的拟合曲线

由图6.8和图6.9可以看出,随着板厚的增加,碎片云的轴向和径向膨胀均减小,而且碎片云的颗粒数也在减小,颗粒更大、更集中;随着板厚的增加,碎片云轴向尺寸和径向尺寸减小,轴向尺寸的减小幅度大于径向尺寸的减小幅度,即碎片云长径比减小。

6.4　圆柱形弹丸撞击时碎片云特性

为了研究圆柱形弹丸长径比对碎片云特性的影响,在相同质量和速度条件下,选取 25 组数值模型工况。弹丸撞击速度 $v_p = 5.0$ km/s,弹丸质量 $m = 316$ mg,板厚 $t = 1.0$ mm,弹丸长径比 $L/D = 0.1 \sim 20.0$,数值模拟具体工况见表 6.2。在20 μs 时各种不同长径比圆柱形弹丸高速撞击单层板碎片云数值模拟结果如图6.10 所示。

表 6.2　圆柱形弹丸数值模拟具体工况

工况	L/D	弹丸尺寸 /mm	t /mm	$v_p /(\text{km} \cdot \text{s}^{-1})$
1	0.1	$L = 1.129, D = 11.29$	1.0	5.0
2	0.2	$L = 1.792\,6, D = 8.963$	1.0	5.0
3	0.4	$L = 2.845\,6, D = 7.114$	1.0	5.0
4	0.6	$L = 3.728\,4, D = 6.214$	1.0	5.0
5	0.8	$L = 4.516\,8, D = 5.646$	1.0	5.0
6	0.9	$L = 4.886\,1, D = 5.429$	1.0	5.0
7	1.0	$L = 5.241, D = 5.241$	1.0	5.0
8	1.1	$L = 5.585\,8, D = 5.078$	1.0	5.0

续表6.2

工况	L/D	弹丸尺寸 /mm	t /mm	v_p /(km·s^{-1})
9	1.2	$L=5.9184, D=4.932$	1.0	5.0
10	1.4	$L=6.559, D=4.685$	1.0	5.0
11	1.6	$L=7.1696, D=4.481$	1.0	5.0
12	1.8	$L=7.758, D=4.310$	1.0	5.0
13	1.9	$L=8.0408, D=4.232$	1.0	5.0
14	2.0	$L=8.3200, D=4.16$	1.0	5.0
15	3.0	$L=10.902, D=3.634$	1.0	5.0
16	4.0	$L=13.208, D=3.302$	1.0	5.0
17	5.0	$L=15.325, D=3.065$	1.0	5.0
18	6.0	$L=17.304, D=2.884$	1.0	5.0
19	8.0	$L=20.96, D=2.62$	1.0	5.0
20	10.0	$L=24.33, D=2.433$	1.0	5.0
21	12.0	$L=27.48, D=2.29$	1.0	5.0
22	14.0	$L=30.45, D=2.175$	1.0	5.0
23	16.0	$L=33.28, D=2.08$	1.0	5.0
24	18.0	$L=36.00, D=2.00$	1.0	5.0
25	20.0	$L=38.6, D=1.93$	1.0	5.0

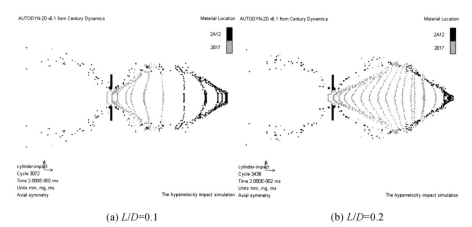

(a) L/D=0.1　　　　　　　　(b) L/D=0.2

图 6.10　不同长径比圆柱形弹丸高速撞击单层板碎片云数值模拟结果

第 6 章　不同形状弹丸撞击薄铝板碎片云研究

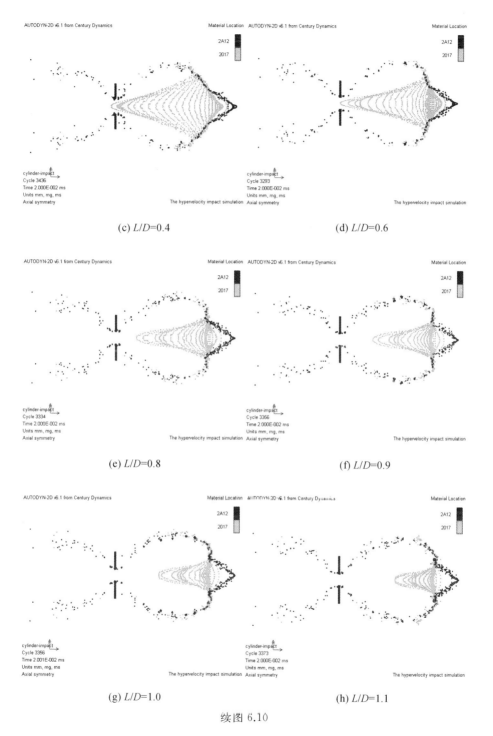

(c) $L/D=0.4$　　　　(d) $L/D=0.6$

(e) $L/D=0.8$　　　　(f) $L/D=0.9$

(g) $L/D=1.0$　　　　(h) $L/D=1.1$

续图 6.10

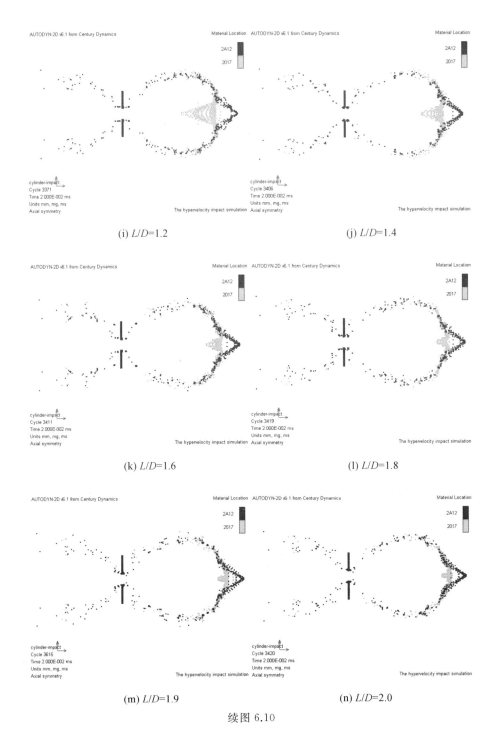

(i) L/D=1.2   (j) L/D=1.4

(k) L/D=1.6   (l) L/D=1.8

(m) L/D=1.9   (n) L/D=2.0

续图 6.10

第 6 章 不同形状弹丸撞击薄铝板碎片云研究

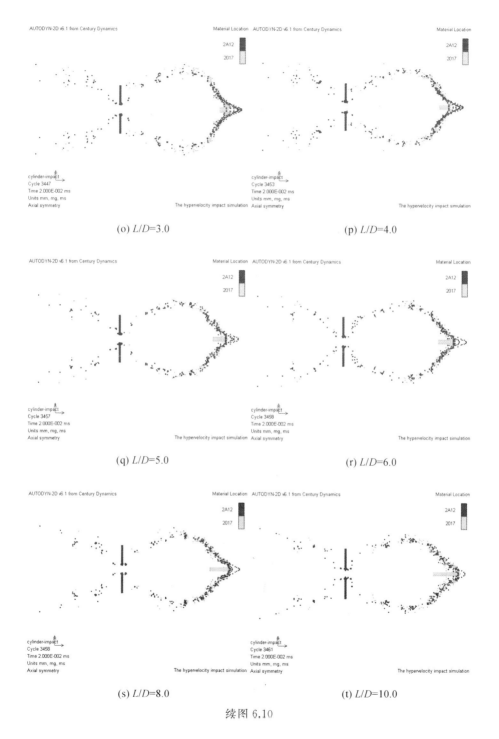

(o) $L/D=3.0$ (p) $L/D=4.0$

(q) $L/D=5.0$ (r) $L/D=6.0$

(s) $L/D=8.0$ (t) $L/D=10.0$

续图 6.10

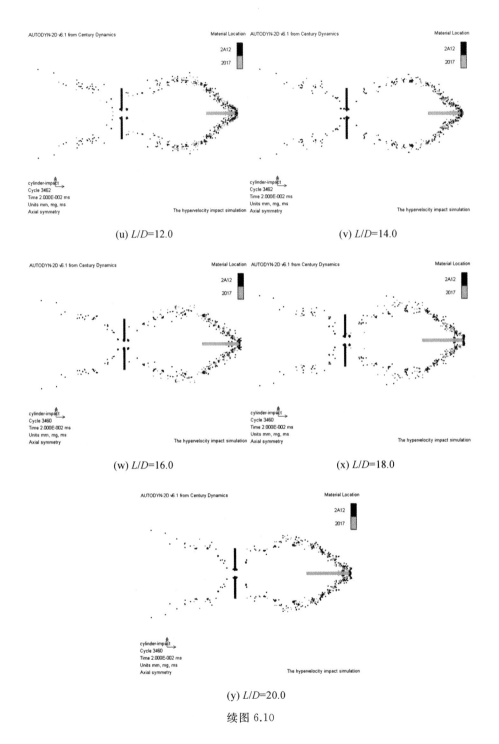

(u) L/D=12.0　　(v) L/D=14.0

(w) L/D=16.0　　(x) L/D=18.0

(y) L/D=20.0

续图 6.10

由图 6.10 中可以看出，分别在长径比为 0.6、3.0 时，碎片云形态发生了较大的改变；长径比不大于 0.6 的圆柱形弹丸所产生的碎片云破碎得比较好，弹丸碎片呈锥形分布在碎片云内部；长径比介于 0.6～3.0 之间的圆柱形弹丸所产生的碎片云前端是一个锥形，破碎完全；长径比大于 3.0 的圆柱形弹丸所产生的碎片云，弹丸部分保持完整，只有部分发生破碎。

为进一步分析不同长径比圆柱形弹丸撞击对碎片云特性的影响，图 6.11 给出了在 20 μs 时，不同长径比下圆柱形弹丸撞击碎片云的前端轴向速度、径向尺寸及穿孔直径的数值模拟结果。

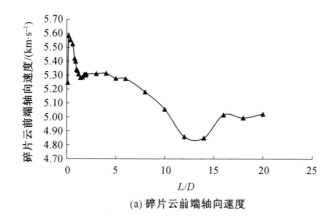

(a) 碎片云前端轴向速度

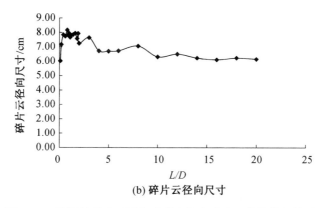

(b) 碎片云径向尺寸

图 6.11　不同长径比下圆柱形弹丸撞击碎片云数值模拟结果

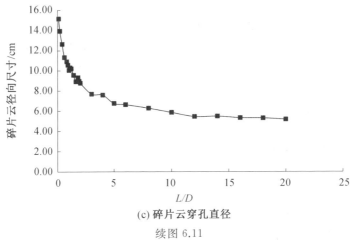

(c) 碎片云穿孔直径

续图 6.11

由图 6.11(a) 可见,前端碎片云轴向速度随着弹丸长径比逐渐增大,总体呈下降趋势,但长径比达到 16.0 时有所回升,在长径比为 12.0 与 14.0 时轴向速度最小,在长径比为 0.2 时轴向速度达到最大。由图 6.11(b) 可见,在长径比小于 1.9 时,随着长径比的增加,碎片云径向尺寸增加,其中长径比为 0.8 时径向尺寸达到最大;在长径比大于 3.0 时,随着长径比不断增加,碎片云径向尺寸变化不大,表明长径比达到 4.0 以后,弹丸的长径比对径向尺寸影响较小。由图 6.11(c) 可见,不同长径比的圆柱形弹丸撞击薄铝板的穿孔直径随着长径比的增加而减小。

为了进一步分析不同长径比的圆柱形弹丸撞击单层薄铝板后形成的碎片云中弹丸材料的特性,在前述模型的基础上,在圆柱形弹丸上设置了 4 个参考点,参考点设置位置如图 6.12 所示。同时搜集了数值模拟中这 4 个参考点在 20 μs 时的轴向速度与径向速度,并绘出了不同长径比弹丸各参考点的轴向速度与径向速度对比图,如图 6.13 所示。

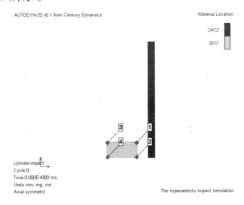

图 6.12 不同长径比弹丸参考点的设置

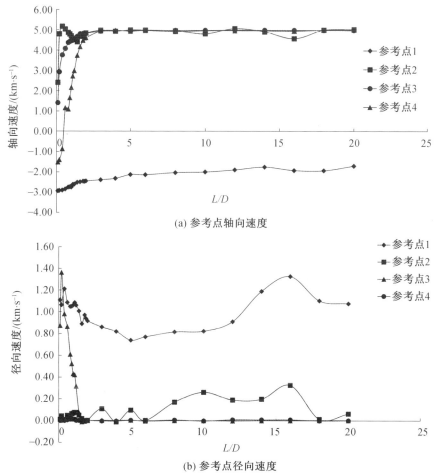

(a) 参考点轴向速度

(b) 参考点径向速度

图 6.13　不同长径比弹丸各参考点速度对比图

由图 6.13(a) 可以看出,当弹丸长径比不小于 3.0 时,随着弹丸长径比的增加,轴向速度曲线近似为直线,即当弹丸长径比不小于 3.0 时,弹丸长径比对碎片云轴向速度影响不大。对于参考点 3、4 的弹丸材料来说,在长径比不小于 3.0 时,弹丸部分未发生破碎,即弹丸材料仍沿着撞击方向运动,导致轴向速度随弹丸长径比变化不大。对于参考点 1 处的弹丸材料而言,不论何种长径比弹丸在撞击过程中均会出现反溅,而且轴向速度随着长径比的增加其反溅速度减小。对于参考点 2 处的弹丸材料,在长径比达到 3.0 后,轴向速度随着长径比的逐渐变化而基本上保持平稳。对于参考点 3 处的碎片,在长径比介于 0.1~3.0 之间时,轴向速度随着长径比的不断增加而增大;在长径比达到 3.0 以后,轴向速度随着长径比的变化基本上保持平稳。对于参考点 4 处的碎片,在长径比介于 0.1~0.4 之间时,弹丸碎片发生反溅并且在长径比为 0.4 时反溅最剧烈;在长径比介于 0.4~

3.0 时,轴向速度随着长径比的增加而增大;在长径比大于 3.0 后轴向速度随着长径比的变化而趋于平稳状态。

而由图 6.13(b) 可以看出,对于参考点 1、2 处的弹丸材料而言,不同长径比圆柱形弹丸在撞击单层薄铝板后,各参考点径向速度相对来说变化比较剧烈。对于参考点 3 而言,在长径比介于 0.1～1.2 之间时,径向速度随着长径比的增大而减小;在长径比大于 1.2 后,弹丸径向速度随着长径比的增加而趋于平稳。对于参考点 4 而言,径向速度不随长径比变化而变化,始终维持在 0 附近,这是因为参考点 4 位于对称轴上且撞击过程中始终保持在撞击轴上。综上所述,在考察碎片云速度特性时,参考点 1、2 的径向速度没有规律可循;参考点 3 处弹丸材料,在长径比介于 0.1～1.2 之间时,径向速度随着长径比的增大而减小,在长径比大于 1.2 后,弹丸长径比对碎片云径向速度影响不大,参考点 3 位于撞击轴附近;参考点 4 始终保持在撞击轴上。

6.5　锥形弹丸撞击时碎片云特性

锥形弹丸高速撞击按撞击方向可分为锥底撞击与锥尖撞击。本节针对锥形弹丸对碎片云特性的影响,主要研究两方面内容:① 不同长径比锥形弹丸锥底撞击对碎片云特性的影响;② 不同长径比锥形弹丸锥尖撞击对碎片云特性的影响。

为了研究锥形弹丸长径比及撞击方向对碎片云特性的影响,在相同质量和速度条件下,选取 26 组数值模型工况。弹丸撞击速度 $v_\text{p} = 5.0$ km/s,弹丸质量 $m = 316$ mg,弹丸长径比 $L/D = 0.1 \sim 10.0$,数值模拟工况的具体参数见表 6.3,在 15 μs 时各种不同长径比圆柱形弹丸高速撞击单层板碎片云数值模拟结果如图 6.14 所示。

表 6.3　锥形弹丸数值模拟工况的具体参数

工况	锥底撞击		锥尖撞击	
	L/D	弹丸尺寸 /mm	L/D	弹丸尺寸 /mm
1	0.1	$L = 1.628\,7, D = 16.287$	0.1	$L = 1.628\,7, D = 16.287$
2	0.2	$L = 2.586, D = 12.93$	0.2	$L = 2.586, D = 12.93$
3	0.3	$L = 3.387, D = 11.29$	0.3	$L = 3.387, D = 11.29$
4	0.4	$L = 4.104, D = 10.26$	0.4	$L = 4.104, D = 10.26$
5	0.6	$L = 5.377\,8, D = 8.965$	0.6	$L = 5.377\,8, D = 8.965$
6	0.8	$L = 6.514\,4, D = 8.143$	0.8	$L = 6.514\,4, D = 8.143$
7	1.0	$L = 7.56, D = 7.56$	1.0	$L = 7.56, D = 7.56$

第 6 章 不同形状弹丸撞击薄铝板碎片云研究

续表6.3

工况	锥底撞击		锥尖撞击	
	L/D	弹丸尺寸 /mm	L/D	弹丸尺寸 /mm
8	2.0	$L=12.00, D=6.00$	2.0	$L=12.00, D=6.00$
9	3.0	$L=15.72, D=5.24$	3.0	$L=15.72, D=5.24$
10	4.0	$L=19.04, D=4.76$	4.0	$L=19.04, D=4.76$
11	6.0	$L=24.96, D=4.16$	6.0	$L=24.96, D=4.16$
12	8.0	$L=30.24, D=3.78$	8.0	$L=30.24, D=3.78$
13	10.0	$L=35.1, D=3.51$	10.0	$L=35.1, D=3.51$

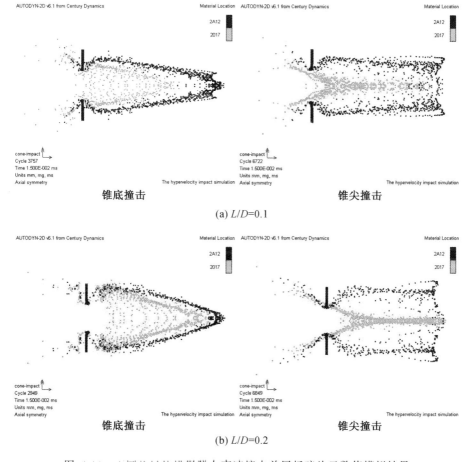

(a) L/D=0.1

(b) L/D=0.2

图 6.14 不同长径比锥形弹丸高速撞击单层板碎片云数值模拟结果

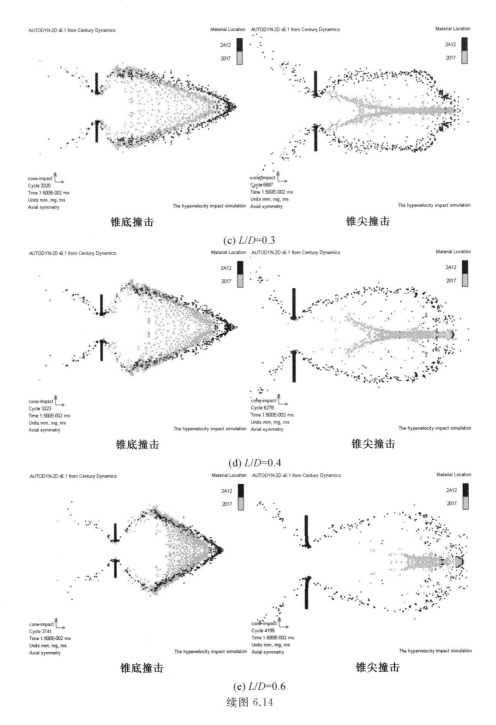

(c) L/D=0.3

(d) L/D=0.4

(e) L/D=0.6

续图 6.14

第 6 章　不同形状弹丸撞击薄铝板碎片云研究

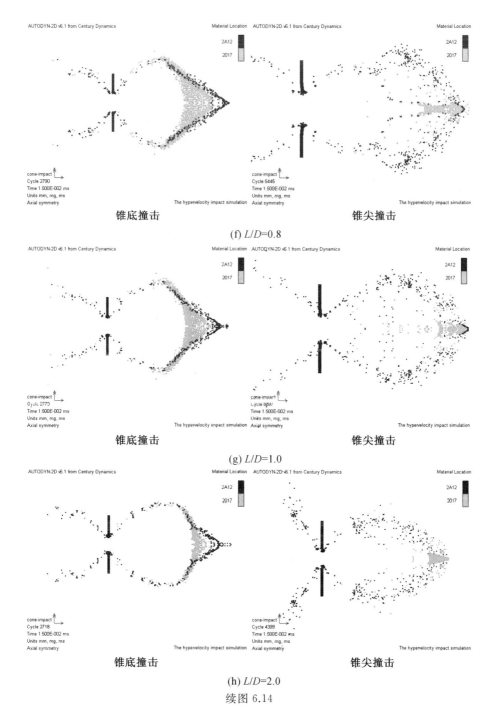

锥底撞击　　　　　　　　　　　锥尖撞击
(f) $L/D=0.8$

锥底撞击　　　　　　　　　　　锥尖撞击
(g) $L/D=1.0$

锥底撞击　　　　　　　　　　　锥尖撞击
(h) $L/D=2.0$
续图 6.14

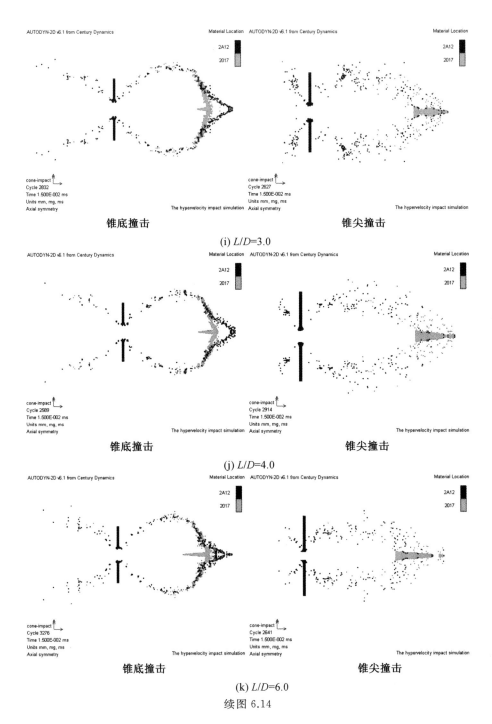

(i) $L/D=3.0$

(j) $L/D=4.0$

(k) $L/D=6.0$

续图 6.14

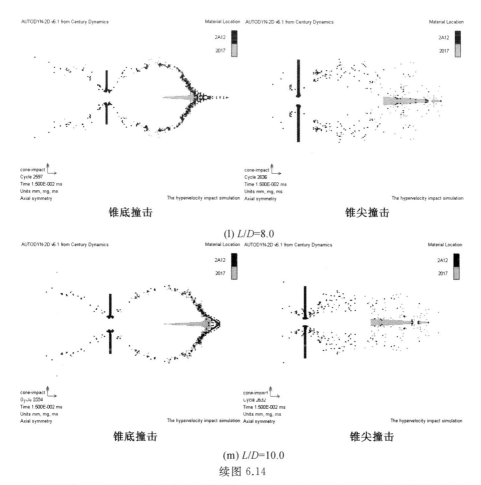

锥底撞击　　　　　　　　　　　　锥尖撞击

(l) $L/D=8.0$

锥底撞击　　　　　　　　　　　　锥尖撞击

(m) $L/D=10.0$

续图 6.14

根据图 6.14 可见,对锥底撞击来说,当长径比为 0.6 和 2.0 时数值模拟的碎片云形态发生了较大变化;对于锥尖撞击来说,数值模拟的碎片云形态也在长径比为 0.6 和 2.0 时发生了变化。

进一步分析图 6.14 中锥底撞击碎片云图,发现长径比小于等于 0.6 的锥形弹丸撞击时所产生的碎片云是圆锥状的,其内部没有圆柱形结构,碎片云的前端均有比较集中的碎片存在;长径比介于 0.6~2.0 之间的锥形弹丸撞击时所产生的碎片云内部有比较集中的弹丸碎片,且前端也有集中的碎片;长径比大于等于 2.0 的锥形弹丸撞击时所产生的碎片云中部分弹丸保持完整,只有部分破碎且在弹丸撞击处破碎。

而根据图 6.14 中锥尖撞击碎片云图可发现,长径比不大于 0.6 的锥形弹丸撞击时所产生的碎片云是圆柱形的,其内部具有一个碎片云比较密集的圆柱形结构,并且在后端出现分叉;长径比介于 0.6~2.0 之间的锥形弹丸撞击时所产生的碎片云虽然没有完整的碎片,但弹丸碎片在中部比较密集;长径比不小于 4.0 的锥形弹丸撞击时所产生的碎片云中,部分弹丸保持完整。

6.5.1 不同长径比弹丸锥底撞击

为进一步分析不同长径比锥形弹丸锥底撞击对碎片云的影响,搜集了不同长径比锥底撞击下碎片云的前端轴向速度、径向尺寸及穿孔直径的数值模拟结果,如图 6.15 所示。

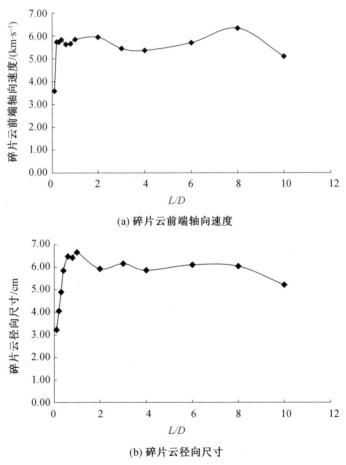

(a) 碎片云前端轴向速度

(b) 碎片云径向尺寸

图 6.15 不同长径比下锥底撞击碎片云数值模拟结果

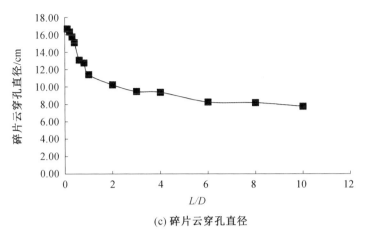

(c) 碎片云穿孔直径

续图 6.15

由图 6.15(a) 分析可得,不同长径比锥形弹丸锥底撞击时碎片云前端轴向速度在 5.5 km/s 左右;在长径比为 0.1 时,前端碎片云轴向速度出现最小值,总体上来说,随着长径比的变化,轴向速度波动不大、保持平稳,即当弹丸长径比大于 0.1 时,弹丸长径比对碎片云轴向速度影响不大。由图 6.15(b) 分析可见,在长径比小于 1.9 时,随着长径比的增加,碎片云径向尺寸逐渐增加;在长径比大于 2.0 时,随着长径比增加,碎片云径向尺寸变化不大,表明长径比达到 2.0 以后弹丸的长径比对碎片云径向尺寸影响较小。由图 6.15(c) 可见,对于不同长径比的圆柱形弹丸,撞击薄铝板的穿孔直径随着长径比的增加而逐渐减小。

在数值模型中设置了 3 个参考点,参考点位置设置如图 6.16 所示。搜集了数值模拟中这 3 个参考点在 15 μs 时的轴向速度与径向速度,如图 6.17 所示。

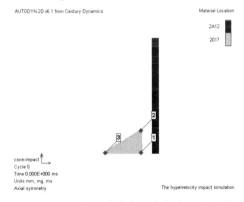

图 6.16 锥底撞击时弹丸上各参考点位置设置

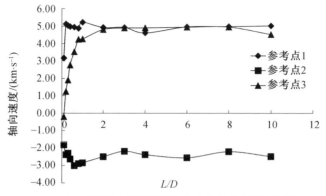

(a) 锥形弹丸锥底撞击弹丸上各参考点轴向速度

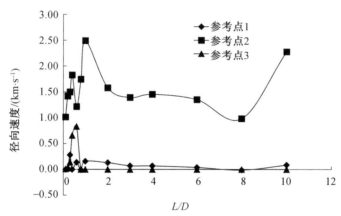

(b) 锥形弹丸锥底撞击弹丸上各参考点径向速度

图 6.17　锥底撞击时弹丸上各参考点速度

根据图 6.17(a) 可以得出,不同长径比锥形弹丸锥底撞击时,弹丸上参考点 2 处的弹丸材料轴向速度始终为负值,说明此处弹丸材料均反溅;对于参考点 1、3 处弹丸材料而言,在长径比达到 2.0 后轴向速度趋于平稳,维持在 5.00 km/s,说明当弹丸长径比大于 2.0 时,弹丸长径比对位于撞击轴上的参考点 1、3 处的弹丸材料的轴向速度影响不大。在图 6.17(b) 中可看到,参考点 1、3 处的径向速度始终在 0 km/s 附近,这是由于参考点 1、3 位于对称轴上,所以此两点在撞击过程中径向速度在 0 km/s 附近变化。综上所述,在考察碎片云速度特性时,参考点 2 的径向速度没有规律可循;参考点 3 处的弹丸材料,当其长径比大于 2.0 时,弹丸长径比对碎片云的径向速度影响不大,参考点 3 位于撞击轴附近;参考点 1 始终保持在撞击轴上。

6.5.2 不同长径比弹丸锥尖撞击

为进一步分析不同长径比锥形弹丸锥尖撞击对碎片云的影响,根据数值模拟结果绘出了图6.18。

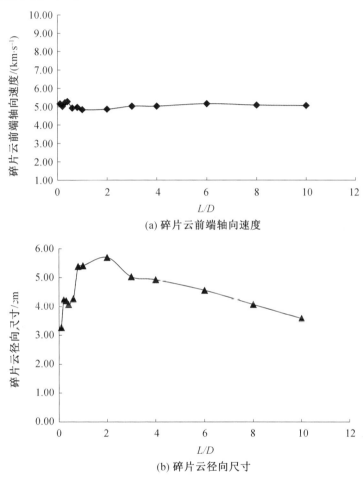

(a) 碎片云前端轴向速度

(b) 碎片云径向尺寸

图 6.18 不同长径比弹丸锥尖撞击碎片云数值模拟结果

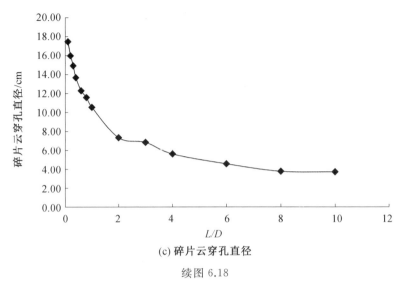

(c) 碎片云穿孔直径

续图 6.18

对图 6.18(a) 分析可得,不同长径比锥形弹丸锥底撞击时碎片云前端轴向速度从整体上来说始终在 5.00 km/s 左右,可见长径比对碎片云前端轴向速度影响不大;由图 6.18(b) 可见,不同长径比锥形弹丸锥底撞击时,碎片云径向尺寸随着长径比的增加先增大后减小,在长径比为 2.0 时径向尺寸取得最大值,当长径比大于 2.0 时,碎片云径向尺寸随着长径比的增加而减小;由图 6.18(c) 可见,不同长径比的锥形弹丸锥尖撞击薄铝板时,其穿孔直径随着长径比的增加而减小。

设置 3 个参考点,参考点位置设置如图 6.19 所示。数值模拟中这 3 个参考点在 15 μs 时的轴向速度与径向速度如图 6.20 所示。

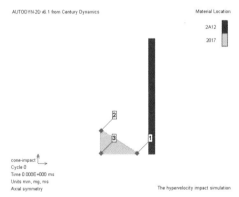

图 6.19 锥尖撞击时弹丸上各参考点位置设置

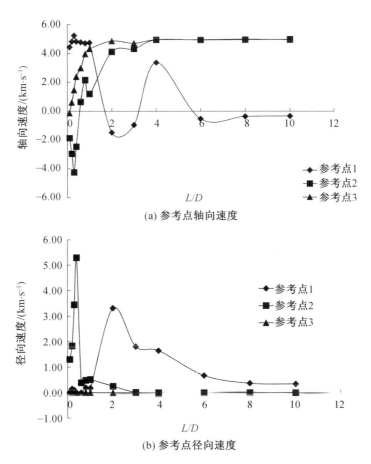

(a) 参考点轴向速度

(b) 参考点径向速度

图 6.20　锥尖撞击时弹丸上各参考点速度图

根据图 6.20(a) 可以得出,参考点 1 处弹丸材料随着长径比的变化轴向速度波动较大,而且出现正负值,说明在不同的长径比下,参考点 1 处弹丸碎片属于碎片云内部结构或出现反溅;参考点 2 处碎片云在长径比为 0.1～0.4 时轴向速度为负值,说明出现反溅;参考点 3 处碎片云在长径比为 0.1 时出现反溅。对于参考点 2、3 而言,在长径比达到 4.0 后碎片云轴向速度基本维持不变,说明此处弹丸材料均保持完整、未发生破碎。因此,当弹丸长径比大于 4.0 时,弹丸长径比对碎片云中位于锥形弹丸锥底的材料的轴向速度影响不大。

由图 6.20(b) 中看到参考点 1、3 径向速度始终在 0 km/s 附近,这是由于参考点 1、3 位于对称轴上,所以此两点在撞击过程中径向速度趋于 0 km/s;参考点 2 处碎片云径向速度随着长径比增大先上升后减小,在长径比大于 4.0 时径向速度维持在 0 km/s 附近。综上所述,位于弹丸锥尖处材料,即参考点 1 处碎片云径向速度随着长径比增大先上升后减小;参考点 2 处弹丸材料,长径比大于 2.0 时弹丸长径比对碎片云径向速度影响不大,参考点 2 位于撞击轴附近;参考点 3 始终保持在撞击轴上。

6.6 本章小结

本章采用 SPH 法对不同形状弹丸超高速撞击薄铝板的碎片云特性进行数值模拟研究,得到如下结论:

(1) 球形弹丸时:随着弹丸直径的增加,碎片云长度和直径增加,碎片云长径比减小;弹丸撞击速度越高,碎片云长度和直径越大,碎片越细化、越分散,碎片云长径比越大;随着板厚的增加,碎片云长度和直径减小,碎片颗粒变大且越来越集中,碎片云长径比减小。

(2) 圆柱形弹丸时:碎片云轴向速度随着弹丸长径比逐渐增大;当弹丸长径比大于 3.0 时,弹丸长径比对位于撞击轴上的弹丸材料与弹丸后表面材料的轴向速度影响不大;当弹丸长径比大于 1.2 时,弹丸长径比对弹丸后表面上端材料的径向速度影响不大,位于撞击轴附近;当弹丸长径比大于 4.0 时,弹丸的长径比对径向尺寸影响不大。

(3) 锥形弹丸时:弹丸长径比对碎片云轴向速度影响不大。锥底撞击时,弹丸长径比达到 2.0 以后,弹丸的长径比对碎片云径向尺寸影响不大;锥尖撞击时,弹丸长径比达到 2.0 以后,碎片云径向尺寸随着长径比的增加而减小。锥底撞击时,弹丸长径比达到 2.0 以后,弹丸长径比对位于撞击轴上的弹丸材料的轴向速度、位于锥尖处弹丸材料的径向速度影响不大;锥尖撞击时,弹丸长径比大于 4.0 时,弹丸长径比对碎片云中位于锥形弹丸锥底材料的轴向速度影响不大,长径比大于 2.0 时,弹丸长径比对碎片云的径向速度影响不大。

第 7 章

球形弹丸撞击双层铝板损伤研究

7.1 引　　言

该研究所用弹丸形状为球形。球形弹丸材料和薄铝板材料分别为 Al 2017－T4 和 Al 6061 铝合金。本章将对下列问题进行研究：

(1) 弹丸撞击速度 v_p＝2.5 km/s、防护间距 S＝150 mm 时，研究弹丸直径对双层板损伤的影响，弹丸直径 d_p＝1.0～10.0 mm；

(2) 弹丸直径 d_p＝6.35 mm、防护间距 S＝150 mm 时，研究弹丸撞击速度对双层板损伤的影响，弹丸撞击速度 v_p＝1.0～10.0 km/s；

(3) 弹丸直径 d_p＝4.76 mm、弹丸撞击速度 v_p＝2.5 km/s 时，研究防护间距对双层板损伤的影响，防护间距为 S＝50～250 mm。

7.2 数值模型的建立及验证

建立二维轴对称模型，几何模型如图 7.1 所示。前板和后板均为 1.0 mm 厚的 Al 6061 铝合金，发射的弹丸为 Al 2017－T4 铝合金。发射弹丸和防护结构采用 SPH 无网格方法建立模型，后板采用 Lagrange 法建立模型，每个 SPH 粒子直径为 0.1 mm。

图 7.1 几何模型

为了验证模拟试验的有效性,将数值模拟结果与试验结果进行比较。双层板超高速撞击试验的试验方案见表 7.1。试验共有 3 组,试验中弹丸所用直径 $d_p = 3.18 \sim 6.35$ mm;弹丸撞击速度 $v_p = 1.448 \sim 3.561$ km/s,撞击方式为正撞击;板间距(防护间距)$S = 50 \sim 250$ mm。

表 7.1 试验方案

试验组号	工况	d_p/mm	v_p/(km·s^{-1})	S/mm
1	A—1	3.18	2.524	150
	A—2	3.97	2.529	150
	A—3	4.76	2.449	150
	A—4	6.35	2.561	150
2	A—9	6.35	1.448	150
	A—10	6.35	2.036	150
	A—11	6.35	3.019	150
	A—12	6.35	3.561	150
3	A—13	4.76	2.468	50
	A—14	4.76	2.478	100
	A—15	4.76	2.528	200
	A—16	4.76	2.485	250

首先验证表 7.1 中第一组(A—1、A—2、A—3、A—4)试验工况。将数值模拟损伤图片与试验损伤图片进行比较,如图 7.2 ~ 7.5 所示。由模拟图片可以看

第 7 章 球形弹丸撞击双层铝板损伤研究

出,在弹丸高速撞击下前板出现穿孔损伤,同时弹丸在穿过前板过程中没有发生完全破碎现象,弹丸携带崩落的前板材料一同撞击后板,在撞击能量集中的情况下,对后板也造成了穿孔损伤。以上结果表明,数值模拟损伤与试验损伤基本一致。

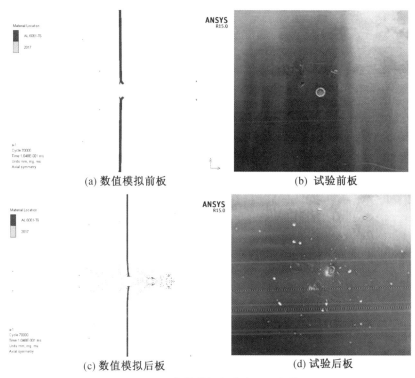

图 7.2　A－1 数值模拟损伤与试验损伤比较

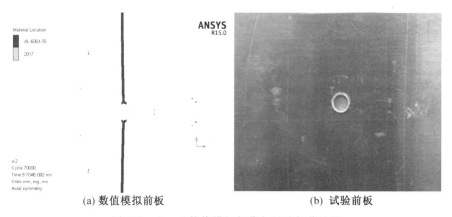

图 7.3　A－2 数值模拟损伤与试验损伤比较

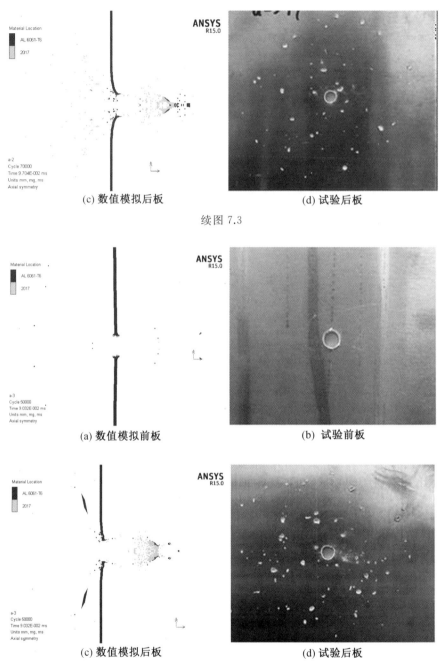

(c) 数值模拟后板　　　　　　　　(d) 试验后板

续图 7.3

(a) 数值模拟前板　　　　　　　　(b) 试验前板

(c) 数值模拟后板　　　　　　　　(d) 试验后板

图 7.4　A－3 数值模拟损伤与试验损伤比较

第 7 章　球形弹丸撞击双层铝板损伤研究

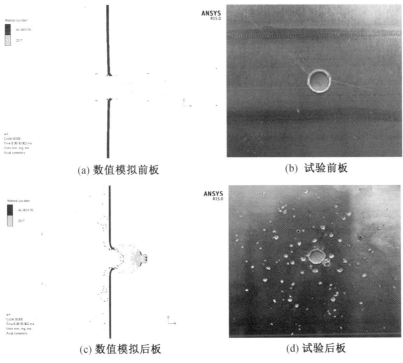

图 7.5　A－4 数值模拟损伤与试验损伤比较

为了更清晰地了解前板与后板的损伤情况,将各组前板、后板穿孔直径损伤和后板主要损伤区范围直径数据分别记录在表 7.2～7.4 中,并与试验数据进行对比,计算相对误差。

表 7.2　工况 A－1～A－4 前板穿孔直径损伤数据比较

工况	A－1	A－2	A－3	A－4
试验数据 /mm	5.20	6.30	7.30	9.30
数值模拟数据 /mm	5.75	6.90	8.00	9.90
相对误差 /%	10.6	9.5	9.6	6.5

表 7.3　工况 A－1～A－4 后板穿孔直径损伤数据比较

工况	A－1	A－2	A－3	A－4
试验数据 /mm	6.20	8.30	10.20	14.80
数值模拟数据 /mm	6.83	9.03	9.17	13.88
相对误差 /%	10.2	8.8	10.1	6.2

表 7.4　工况 A－1～A－4 后板主要损伤区范围直径数据比较

工况	A－1	A－2	A－3	A－4
试验数据/mm	62	106	98	132
数值模拟数据/mm	68.2	118.2	106.2	138.4
相对误差/%	10	11.5	8.4	4.8

通过对比发现，数值模拟前板穿孔直径损伤与试验损伤相比，相对误差在 10.6% 以内；后板穿孔直径损伤与试验相比，相对误差在 10.2% 以内；后板主要损伤区范围直径的相对误差在 11.5% 以内。

其次验证表 7.1 中第二组（A－9、A－10、A－11、A－12）试验工况。将数值模拟损伤图片与试验损伤图片进行比较，如图 7.6～7.9 所示。由数值模拟图片可以看出，弹丸高速撞击对前板造成穿孔，形成的碎片云撞击后板，造成后板穿孔并出现多处弹坑。由数值模拟图片可以看出，当弹丸撞击速度达到 3.561 km/s 时形成的碎片云撞击后板，后板出现一个"8"字形穿孔，周围出现小的穿孔并伴有材料脱落现象。以上结果表明，数值模拟损伤与试验损伤基本一致。

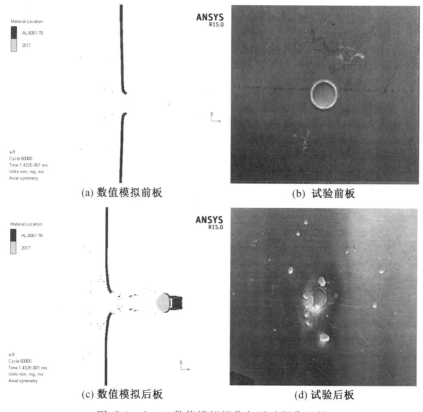

(a) 数值模拟前板　　　　(b) 试验前板

(c) 数值模拟后板　　　　(d) 试验后板

图 7.6　A－9 数值模拟损伤与试验损伤比较

第 7 章　球形弹丸撞击双层铝板损伤研究

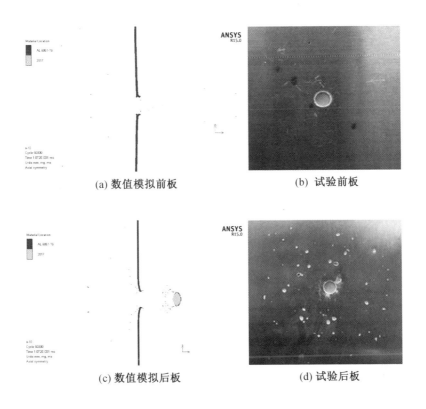

(a) 数值模拟前板　　　　　(b) 试验前板

(c) 数值模拟后板　　　　　(d) 试验后板

图 7.7　A－10 数值模拟损伤与试验损伤比较

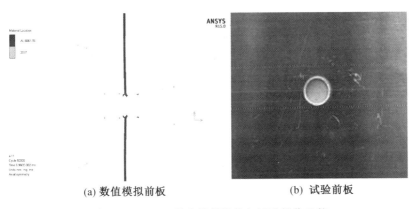

(a) 数值模拟前板　　　　　(b) 试验前板

图 7.8　A－11 数值模拟损伤与试验损伤比较

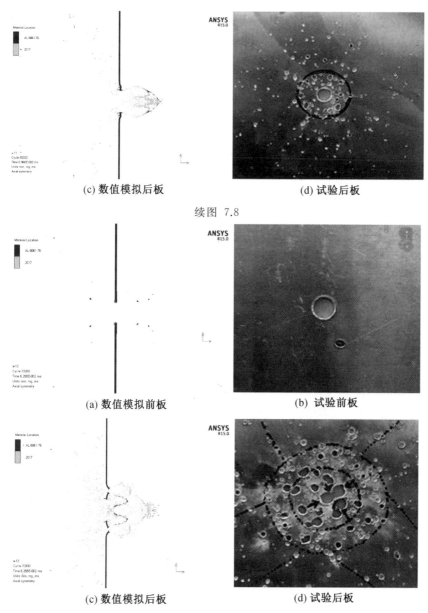

(c) 数值模拟后板　　　　　　　　　(d) 试验后板

续图 7.8

(a) 数值模拟前板　　　　　　　　　(b) 试验前板

(c) 数值模拟后板　　　　　　　　　(d) 试验后板

图 7.9　A－12 数值模拟损伤与试验损伤比较

对试验 A－9、A－10、A－11、A－12 的前板穿孔直径与数值模拟数据进行比较,见表 7.5。由表可见,前板穿孔直径数值模拟数据与试验数据相对误差保持在 4.8% 以内。

试验 A－9、A－10、A－11 后板穿孔直径损伤和后板主要损伤区范围直径数值模拟数据分别列于表 7.6 和表 7.7 中,并与试验数据进行对比,计算相对误差。

由于试验 A－12 后板损伤模式较为复杂,损伤模式与 A－9、A－10、A－11 不同,因此试验 A－12 后板数值模拟损伤与试验损伤比较单独列于表 7.8 中。

试验 A－12 中碎片云对后板的损伤并没有造成中心大穿孔,而是形成了复杂的损伤情况。由于后板损伤的复杂性给数据测量和比较带来了一定的难度,所以为了方便数值模拟数据与试验数据的对比,后板的损伤可按图 7.10 进行分区描述,其中 D_Z 为正面损伤中有中心撞击坑的损伤区范围直径、D_h 为环形撞击坑损伤区范围直径、D_{99} 为 99% 碎片覆盖区直径。D_Z、D_h 及 D_{99} 数值模拟数据与试验数据的比较见表 7.8。

表 7.5 工况 A－9～A－12 前板穿孔直径损伤数据比较

试验模拟编号	A－9	A－10	A－11	A－12
试验数据 /mm	7.80	8.60	10.00	10.60
数值模拟数据 /mm	7.85	8.79	10.48	10.55
相对误差 /%	0.64	2.21	4.80	0.47

表 7.6 工况 A－9～A－12 后板穿孔直径损伤数据比较

试验模拟编号	A－9	A－10	A－11
试验数据 /mm	10.30	12.20	14.70
数值模拟数据 /mm	9.12	10.95	14.07
相对误差 /%	11.5	10.2	4.3

表 7.7 工况 A－9～A－12 后板主要损伤区范围直径数据比较

试验模拟编号	A－9	A－10	A－11
试验数据 /mm	88.00	98.00	160.00
数值模拟数据 /mm	97.2	107	172.4
相对误差 /%	10.5	9.2	7.8

表 7.8 A－12 的后板损伤数据比较

损伤情况	D_Z	D_h	D_{99}	穿孔
试验数据 /mm	38.00	65.00	112.00	16.20
数值模拟数据 /mm	36.4	61.9	—	16.45
相对误差 /%	4.2	4.8	—	1.5

由表 7.6 和表 7.7 可见,试验 A－9、A－10、A－11 的后板穿孔整体误差保持在 11.5% 以内,后板主要损伤区范围直径的相对误差保持在 10.5% 以内。由表

7.8可见,后板损伤的试验数据与数值模拟数据对比,整体误差在4.8%以内。

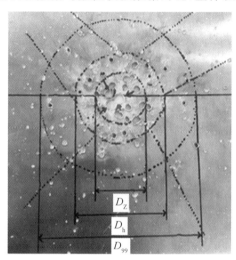

图 7.10 后板损伤分区图

最后验证表7.1中第三组(A—13、A—14、A—15、A—16)的试验工况。将数值模拟损伤图片与试验损伤图片进行比较,如图7.11～7.14所示。由图中的模拟图片可以看出,弹丸击中前板发生穿孔损伤,形成的碎片云撞击后板,碎片云比较发散,撞击后板时造成穿孔并且周围出现大量弹坑,背面出现鼓包,少许弹坑伴有材料脱落现象。以上结果表明,数值模拟损伤与试验损伤基本一致。

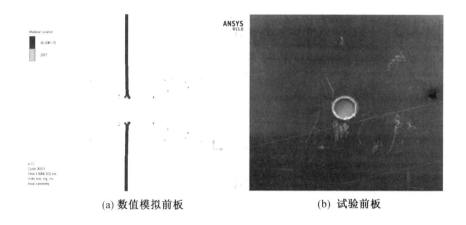

(a) 数值模拟前板　　　　　　　　(b) 试验前板

图 7.11 A—13数值模拟损伤与试验损伤比较

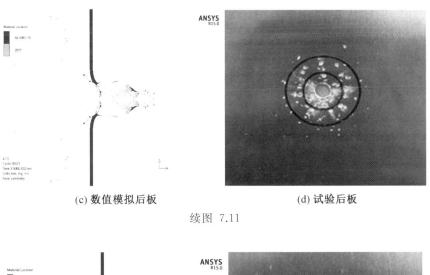

(c) 数值模拟后板   (d) 试验后板

续图 7.11

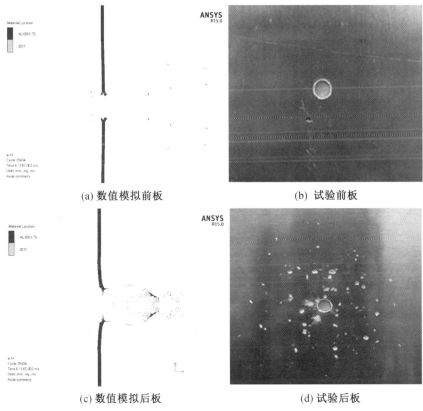

(a) 数值模拟前板   (b) 试验前板

(c) 数值模拟后板   (d) 试验后板

图 7.12　A－14 数值模拟损伤与试验损伤比较

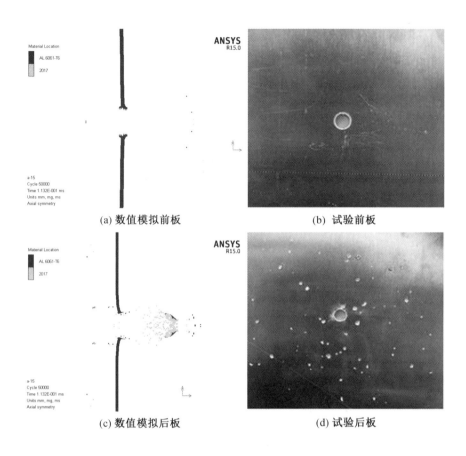

(a) 数值模拟前板　　　　　　　(b) 试验前板

(c) 数值模拟后板　　　　　　　(d) 试验后板

图 7.13　A－15 数值模拟损伤与试验损伤比较

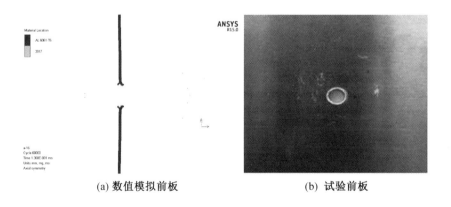

(a) 数值模拟前板　　　　　　　(b) 试验前板

图 7.14　A－16 数值模拟损伤与试验损伤比较

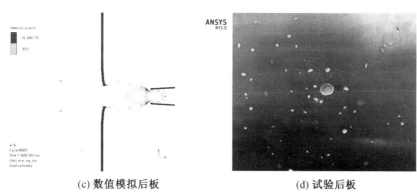

(c) 数值模拟后板　　　　　　　　(d) 试验后板

续图 7.14

将各组前板、后板穿孔直径损伤和后板主要损伤区范围直径数值模拟数据分别记录在表 7.9～7.11 中,并与试验数据进行对比,计算误差。

表 7.9　工况 A－13～A－16 前板穿孔直径损伤数据比较

工况	A－13	A－14	A－15	A－16
试验数据 /mm	7.40	7.50	7.60	7.40
数值模拟数据 /mm	8.14	8.23	7.38	7.70
相对误差 /%	10	9.7	2.9	4.1

表 7.10　工况 A－13～A－16 后板穿孔直径损伤数据比较

工况	A－13	A－14	A－15	A－16
试验数据 /mm	11.80	10.40	10.60	10.00
数值模拟数据 /mm	10.59	10.43	9.56	8.78
相对误差 /%	10.3	0.3	9.8	12.2

表 7.11　工况 A－13～A－16 后板主要损伤区范围直径数据比较

工况	A－13	A－14	A－15	A－16
试验数据 /mm	72.2	90.0	118.0	130.0
数值模拟数据 /mm	80.2	96.0	128.4	136.0
相对误差 /%	11.1	6.7	8.8	4.6

通过对比发现,数值模拟前板穿孔直径损伤数据与试验数据相比,相对误差在 10% 以内,见表 7.9;数值模拟后板穿孔直径损伤数据与试验数据相比,相对误差在 12.2% 以内,见表 7.10;后板数值模拟主要损伤区范围直径数据与试验数据相比,相对误差在 11.1% 以内,见表 7.11。

综上所述,通过将 3 组试验结果与相对应的数值模拟结果进行比较发现,数值模拟损伤模式与试验损伤模式基本一致,损伤测量数据整体误差在 12.2% 以内,因此,试验结果与数值模拟结果吻合得较好,可以应用该模型对弹丸直径、弹丸撞击速度、防护间距对双层板损伤特性的影响进行数值模拟计算。

7.3 弹丸直径的影响

建模一共分为10组,弹丸撞击速度为2.5 km/s,防护间距为150 mm,弹丸直径范围为1.0～10.0 mm,研究弹丸直径对双层板损伤特性的影响,具体双层板数值模拟工况见表7.12。

表7.12 不同弹丸直径下数值模拟工况

工况	S/mm	$v_\mathrm{p}/(\mathrm{km}\cdot\mathrm{s}^{-1})$	d_p/mm
B－1	150	2.5	1.0
B－2	150	2.5	2.0
B－3	150	2.5	3.0
B－4	150	2.5	4.0
B－5	150	2.5	5.0
B－6	150	2.5	6.0
B－7	150	2.5	7.0
B－8	150	2.5	8.0
B－9	150	2.5	9.0
B－10	150	2.5	10.0

通过AUTODYN软件建立模型,对不同弹丸直径下的防护结构模型进行模拟计算,得到不同弹丸直径下对双层板损伤特性的模拟结果,如图7.15所示。

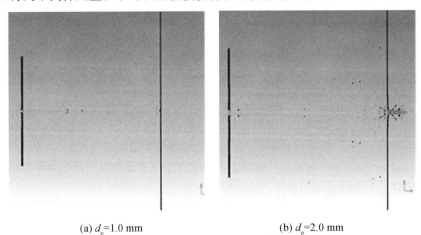

(a) $d_\mathrm{p}=1.0$ mm　　　　(b) $d_\mathrm{p}=2.0$ mm

图7.15 不同弹丸直径下双层板损伤特性的模拟结果

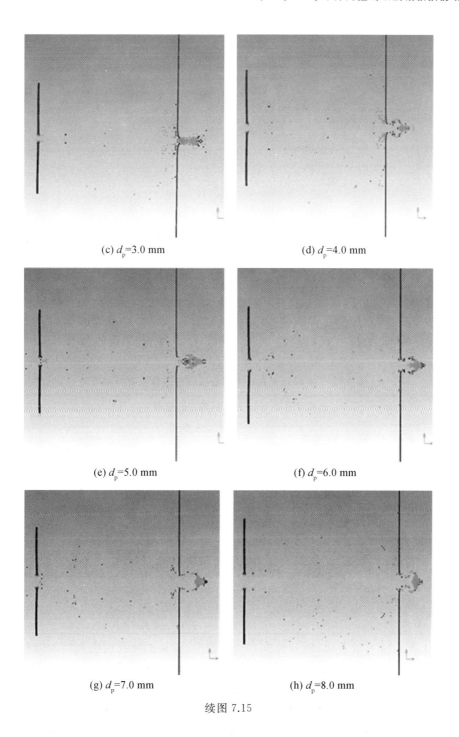

(c) d_p=3.0 mm (d) d_p=4.0 mm

(e) d_p=5.0 mm (f) d_p=6.0 mm

(g) d_p=7.0 mm (h) d_p=8.0 mm

续图 7.15

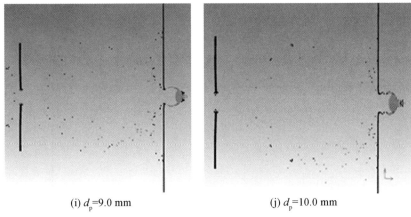

(i) d_p=9.0 mm　　　　　　　　(j) d_p=10.0 mm

续图 7.15

由图 7.15 可以看出,对后板造成损伤的并不只有高速弹丸,还有在弹丸的高速撞击下被崩落的前板材料。在 10 个数值模拟双层板工况中,前板和后板出现明显的穿孔,随着弹丸直径的增大,撞击前板后弹丸的破碎程度降低。为了更加直观地了解前板和后板的损伤情况,测量各组损伤的具体数值,详细情况见表 7.13。

表 7.13　不同弹丸直径下双层板损伤的数值模拟结果　　　　　　　　mm

工况	前板穿孔直径	后板穿孔直径	后板主要损伤区范围直径
B－1	1.94	未穿孔	1.03
B－2	5.16	3.88	3.46
B－3	6.43	5.02	6.63
B－4	7.96	7.45	11.88
B－5	9.23	8.44	16.51
B－6	11.01	9.41	27.32
B－7	12.11	11.00	29.99
B－8	12.64	11.41	33.61
B－9	14.03	13.61	33.71
B－10	14.98	14.10	39.66

从表 7.13 可以看出,随着弹丸直径的改变,前板的穿孔损伤和后板的各损伤也随之改变。为了清晰地了解弹丸直径改变对双层板损伤的影响,将表 7.13 中各损伤数据与弹丸直径数据制成曲线图,如图 7.16～7.18 所示。

从图 7.16 中可以看出,前板的穿孔损伤随着弹丸直径的增大而增大,大致呈线性规律,两组试验数据与数值模拟数据呈现的规律基本一致,均为递增趋势。

从图 7.17 中可以看出,后板的穿孔损伤随着弹丸直径的增大而增大,大致呈线性规律,两组试验数据与数值模拟数据呈现的规律基本一致,曲线图趋势走向一致。

从图 7.18 中可以看出,后板主要损伤区范围直径随着弹丸直径的增大而增大,大致呈线性规律。

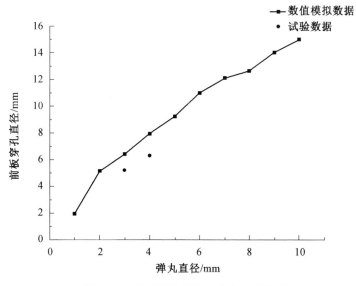

图 7.16　前板穿孔损伤与弹丸直径关系

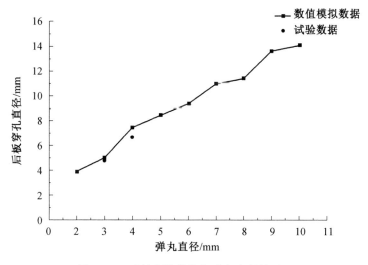

图 7.17　后板穿孔损伤与弹丸直径关系

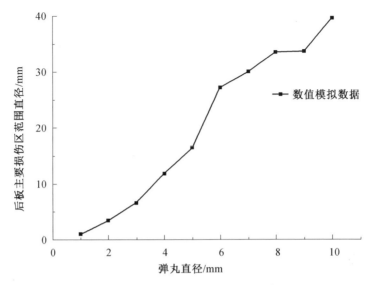

图 7.18 后板主要损伤区范围直径与弹丸直径关系

综上可见,随着弹丸直径的增大,前板穿孔直径、后板中心穿孔直径、后板主要损伤区范围直径损伤均呈现增大的趋势,且大致呈线性规律。

7.4 弹丸撞击速度的影响

建模一共分为10组,弹丸直径为6.35 mm,防护间距为150 mm,弹丸撞击速度范围为1.0~10.0 km/s,研究弹丸撞击速度对铝板损伤特性的影响,具体工况见表7.14。

表 7.14 不同弹丸撞击速度下数值模拟具体工况

工况	S/mm	v_p/(km·s^{-1})	d_p/mm
C−1	150	1.0	6.35
C−2	150	2.0	6.35
C−3	150	3.0	6.35
C−4	150	4.0	6.35
C−5	150	5.0	6.35
C−6	150	6.0	6.35
C−7	150	7.0	6.35

续表7.14

工况	S/mm	v_p/(km·s^{-1})	d_p/mm
C－8	150	8.0	6.35
C－9	150	9.0	6.35
C－10	150	10.0	6.35

通过 AUTODYN 软件建立模型,对不同弹丸撞击速度下防护结构模型进行模拟计算,得到不同弹丸撞击速度双层板损伤特性的模拟结果,如图 7.19 所示。

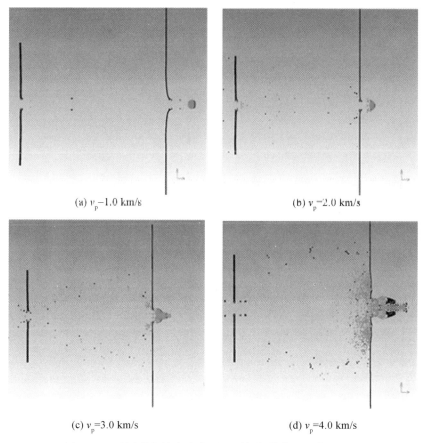

(a) v_p=1.0 km/s
(b) v_p=2.0 km/s
(c) v_p=3.0 km/s
(d) v_p=4.0 km/s

图 7.19 不同弹丸撞击速度下双层板损伤特性的模拟结果

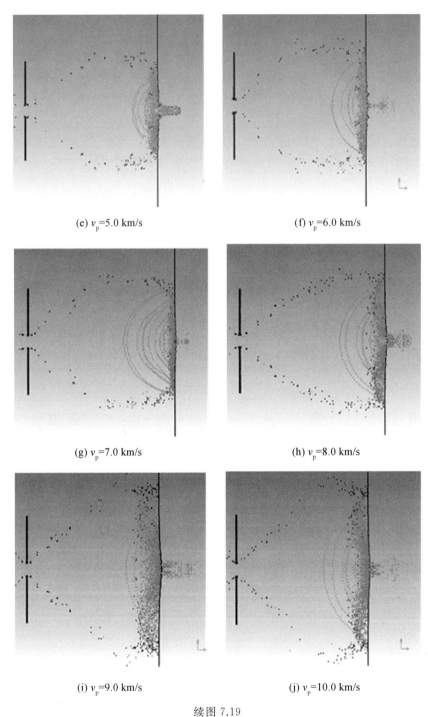

(e) v_p=5.0 km/s (f) v_p=6.0 km/s

(g) v_p=7.0 km/s (h) v_p=8.0 km/s

(i) v_p=9.0 km/s (j) v_p=10.0 km/s

续图 7.19

由图 7.19 可以看出,前板和后板均发生穿孔,并且随着速度的增大弹坑呈圆环状分布的趋势较明显,后板发生明显的变形。为了更加直观地了解双层铝板的损伤情况,测量各组损伤得出具体数值,详细情况见表 7.15。将表 7.15 中各损伤数据与弹丸撞击速度数据制成曲线图,如图 7.20 ~ 7.22 所示。

表 7.15　不同弹丸撞击速度下双层板损伤的模拟结果　　　　　mm

工况	前板穿孔直径	后板穿孔直径	后板主要损伤区范围直径
C－1	8.22	8.59	10.45
C－2	10.31	10.38	11.54
C－3	12.34	13.95	20.96
C－4	12.83	16.73	52.01
C－5	13.83	7.40	66.18
C－6	13.97	2.43	75.86
C－7	13.50	0.56	82.79
C－8	14.28	多个穿孔	96.66
C－9	13.73	多个穿孔	108.68
C－10	13.33	多个穿孔	121.91

从图 7.20 中可以看出,前板的穿孔直径损伤随着弹丸撞击速度的增大,先增大然后趋于一致。两组试验数据与数值模拟数据呈现的规律基本一致,均为增大的趋势。

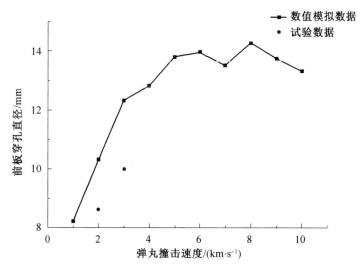

图 7.20　前板穿孔直径损伤与弹丸撞击速度关系

从图 7.21 中可以看出，后板的穿孔直径损伤随着弹丸撞击速度的增大，先增大到一定峰值以后变小。当低速时，弹丸未破碎，速度越大，后板中心穿孔直径越大；当弹丸破碎时，速度越大，碎片云越细化，越分散，自然后板中心穿孔直径越小。两组试验数据与数值模拟数据呈现的规律基本一致，均为增大的趋势。

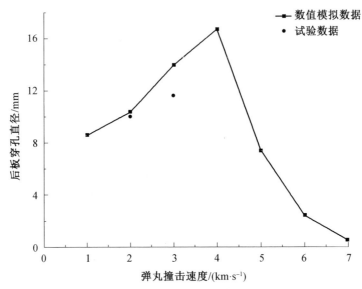

图 7.21　后板穿孔直径损伤与弹丸撞击速度关系

从图 7.22 中可以看出，后板主要损伤区范围直径随着弹丸撞击速度的增大而增大，大致呈线性规律。

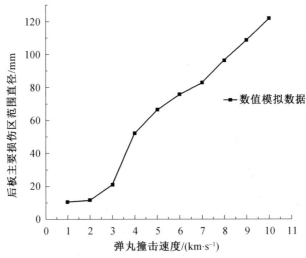

图 7.22　后板主要损伤区范围直径与弹丸撞击速度关系

综上,随着弹丸撞击速度的增大,前板穿孔直径先增大然后趋于一致,后板中心穿孔直径先增大后减小,后板主要损伤区范围直径逐渐扩大且大致呈线性关系。

结合曲线图和损伤数据表还可以发现,在弹丸撞击速度超过4.0 km/s之后,后板中心穿孔直径减小,损伤模式变得复杂,后板出现多个穿孔,与速度为3.444 km/s时后板损伤的试验结果基本一致。

7.5　防护间距的影响

在前板位置不变的情况下,改变后板距离前板的位置,进行5组模拟,研究防护间距对铝板损伤特性的影响。弹丸直径 $d_p = 4.76$ mm,弹丸撞击速度 $v_p = 2.5$ km/s,防护间距 50～250 mm,具体工况见表7.16。

表 7.16　不同防护间距下数值模拟工况

工况	S/mm	$v_p/(km \cdot s^{-1})$	d_p/mm
D-1	50	2.5	4.76
D-2	100	2.5	4.76
D-3	150	2.5	4.76
D-4	200	2.5	4.76
D-5	250	2.5	4.76

通过AUTODYN软件建立模型,对不同防护间距下防护结构模型进行模拟计算,得到不同防护间距下铝板损伤特性的模拟结果,如图7.23所示。

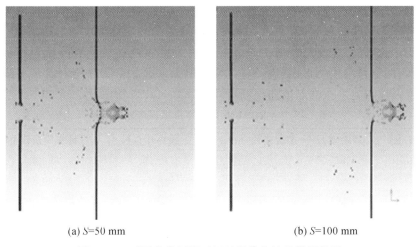

(a) $S=50$ mm　　　　　　　　(b) $S=100$ mm

图 7.23　不同防护间距下铝板损伤特性的模拟结果

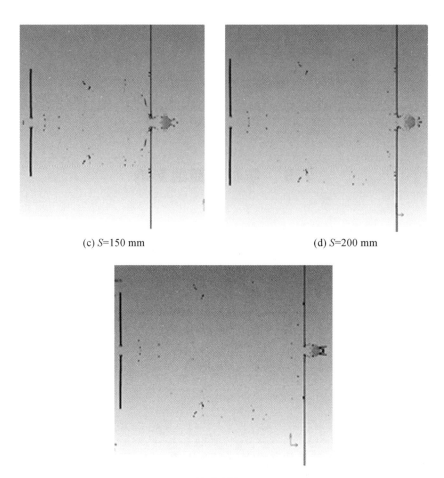

(c) S=150 mm (d) S=200 mm

(e) S=250 mm

续图 7.23

由图 7.23 可以看出，在本次 5 个数值模拟工况中，前板出现明显的穿孔，后板也出现穿孔，并且穿孔周围有少许弹坑。为了更加直观地了解前板和后板的损伤情况，测量各组损伤得出具体数值，详细情况见表 7.17。将表 7.17 中各损伤数据与弹丸撞击速度数据制成曲线图，如图 7.24 ～ 7.26 所示。

表 7.17 不同防护间距下双层板损伤模拟结果   mm

工况	间距 S	前板穿孔直径	后板穿孔直径	后板主要损伤范围
D－1	50	8.14	10.59	80.2
D－2	100	8.23	10.43	96.0
D－3	150	8.13	9.17	106.2
D－4	200	8.16	9.56	128.4
D－5	250	8.09	8.78	136.0

从图 7.24 中可以看出，当防护间距不同时，前板的穿孔直径损伤基本一致，试验数据与数值模拟数据基本一致。

从图 7.25 中可以看出，后板的穿孔直径损伤随着防护间距的增大，呈现先减小后增大再变小的趋势，试验数据与数值模拟数据基本一致。

从图 7.26 中可以看出，后板主要损伤区范围直径随着防护间距的增大而增大，大致呈线性规律。

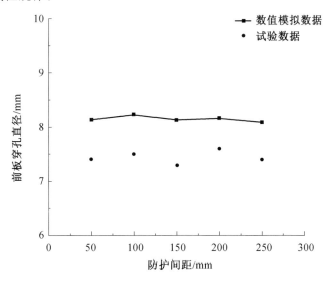

图 7.24　前板穿孔直径与防护间距 S 关系图

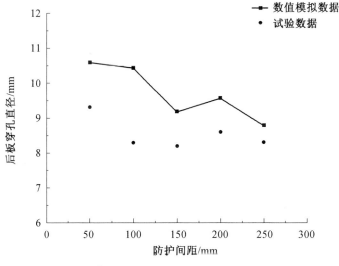

图 7.25　后板中心穿孔直径损伤与防护间距 S 关系

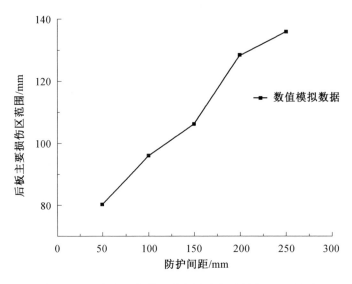

图 7.26 后板主要损伤区范围直径与防护间距 S 关系

综上,随着防护间距的增大,前板的穿孔直径基本一致,后板中心穿孔直径先减小后增大再减小,后板主要损伤区范围直径逐渐扩大,大致呈线性关系。可见,增大防护间距能有效地减小后板穿孔损伤和后板主要损伤区范围直径。

7.6 本章小结

本章应用 AUTODYN 软件对高速撞击双层板试验进行了验证,并应用模拟模型对在不同弹丸直径、弹丸撞击速度及防护间距下双层板的损伤特性进行了研究,得到如下结论:

(1) 随着弹丸直径的增大,前板穿孔直径、后板穿孔直径、后板主要损伤区范围直径损伤均增大,大致呈线性规律。

(2) 随着弹丸撞击速度的增大,前板穿孔直径先增大然后趋于一致,后板中心穿孔直径损伤先增大后减小。弹丸撞击速度达到 4.0 km/s 之后,后板中心穿孔直径减小,损伤模式变得复杂,出现多个穿孔,主要损伤区范围直径扩大,大致呈线性关系。

(3) 随着防护间距的增大,前板的穿孔直径基本一致,后板中心穿孔直径先减小后增大再减小,主要损伤区范围直径逐渐扩大,大致呈线性关系。增大防护间距,能有效地减小后板穿孔损伤和后板主要损伤区范围直径。

第 8 章

球形弹丸撞击三层铝板损伤研究

8.1 引　　言

该研究所用弹丸形状为球形。弹丸材料为 Al 2017－T4 弹丸,第一层板和第二层板(防护板)为 Al 2A12 铝板,第三层板(舱壁)材料则采用 Al 5A06 铝板,总防护间距 $S=100$ mm。本章将对下列问题进行研究:

(1) 弹丸直径 $d_p=5.0$ mm、弹丸撞击速度 $v_p=6.0$ km/s,改变中间板位置研究防护间距对三层板损伤的影响。

(2) 弹丸直径 $d_p=5.0$ mm、弹丸撞击速度 $v_p=6.0$ km/s,改变中间板厚研究防护板厚对碎片云特性的影响,板厚 $t=0.5\sim2.5$ mm。

(3) 对三层防护结构与典型双层防护结构损伤特性进行比较。

8.2　数值模型的建立及验证

应用 AUTODYN－2D 建模。高速撞击三层铝板的防护板材料选用 Al 2A12,厚度为 0.5 mm,舱壁选用 3 mm 厚的 Al 5A06 铝合金板,弹丸选用 Al 2017－T4 材料,直径为 3.97 mm。总防护间距 $S=100$ mm,第一层防护板和第二层防护板之间的间距为S_1,第二层防护板和舱壁之间的间距为S_2,且有$S_1+S_2=100$ mm。其中,弹丸和两层防护板采用SPH法建立模型,SPH粒子直径大小均为0.05 mm,舱壁采用Lagrange法建立模型,将舱壁每个单元划分为0.05 mm×0.05 mm大小的网格。图8.1所示为三层板防护模型及其建立方法。

根据文献[18]中试验数据,高速撞击三层铝板的弹丸撞击速度在4.0 km/s左右,防护板厚度均为0.5 mm。在不同的防护间距下进行5组试验,具体工况见表8.1。高速撞击三层铝板数值模拟图如图8.2所示,弹丸穿过第一层防护板形成碎片云撞击第二层防护板,在第二层防护板上形成较大的穿孔区域,最终弹丸携带剩余能量冲击第三层板(舱壁)。

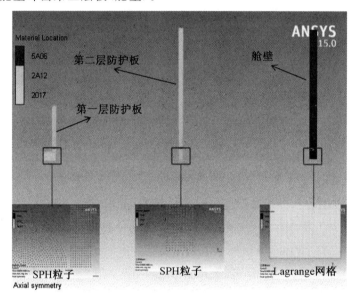

图 8.1　三层铝板防护模型及其建立方法(彩图见附录)

表8.1　高速撞击三层铝板试验的具体工况

工况	第一组	第二组	第三组	第四组	第五组
弹丸直径 /mm	3.97	3.97	3.97	3.97	3.97
防护间距 /mm	10/90	25/75	50/50	75/25	90/10
弹丸撞击速度 /(km·s^{-1})	3.98	3.98	3.98	3.93	4.07

注:防护间距中"/"左侧为第一层防护板与第二层防护板间距,"/"右侧为第二层防护板与第三层防护板间距。

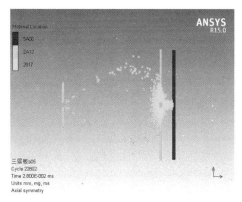

图 8.2 高速撞击三层铝板数值模拟图（彩图见附录）

选取第五组工况,将数值模拟结果与试验损伤进行对比,如图 8.3 所示。

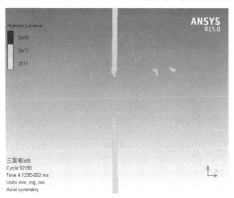

(a) 模拟第一层防护板正面（彩图见附录）

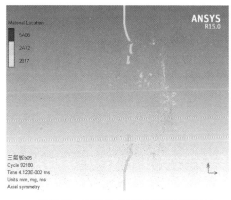

(b) 模拟第二层防护板正面（彩图见附录）

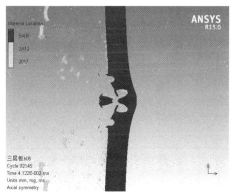

(c) 模拟舱壁背面（彩图见附录）

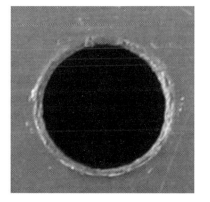

(d) 试验第一层防护板正面

图 8.3 高速撞击三层铝板数值模拟结果与试验损伤对比

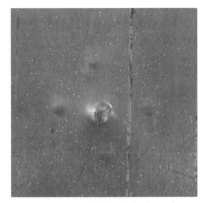

(e) 试验第二层防护板正面　　　　　　(f) 试验舱壁背面

续图 8.3

对于高速撞击,三层铝板损伤主要研究第一层防护板穿孔直径 d_1 和第二层防护板穿孔直径 d_2;舱壁损伤主要研究最大弹坑深度 d 和背面鼓包高度 h。为了便于对比防护板以及舱壁损伤,将整个模型损伤情况拆分为 4 个表格分别比较,见表 8.2~8.5。

表 8.2　第一层防护板穿孔直径 d_1

工况	第一组	第二组	第三组	第四组	第五组
试验数据 /mm	5.24	5.27	5.28	5.31	5.20
数值模拟数据 /mm	5.66	5.66	5.74	5.66	5.56
相对误差 /%	8.0	7.4	8.7	6.6	6.9

从表 8.2 中可以看出,第一层防护板穿孔直径最大误差为第三组工况中的 8.7%,最小误差为第四组工况中的 6.6%。

表 8.3　第二层防护板穿孔直径 d_2

工况	第一组	第二组	第三组	第四组	第五组
试验数据 /mm	10.80	13.40	19.40	15.20	11.30
数值模拟数据 /mm	11.90	15.18	18.62	14.98	12.16
相对误差 /%	10.2	13.4	4.0	1.4	7.6

从表 8.3 中可以看出,第二层防护板穿孔直径最大误差为第二组工况中的 13.4,最小误差为第四组工况中的 1.4%。

从表 8.4 和表 8.5 中发现,关于舱壁的损伤,由数值模拟数据与试验数据对比可知,最大弹坑深度最大误差为 7.4%,最小误差为 2.0%;舱壁背面损伤最大误差为 12.2%,最小误差为 7.4%。

表 8.4　舱壁最大弹坑深度 d

工况	第一组	第二组	第三组	第四组	第五组
试验数据/mm	3.61	3.52	2.57	2.63	3.46
数值模拟数据/mm	3.44	3.76	2.38	2.49	3.39
误差/%	4.7	6.8	7.4	5.3	2.0

表 8.5　舱壁背面鼓包高度 h

工况	第一组	第二组	第三组	第四组	第五组
试验数据/mm	鼓包 1.98	鼓包 1.88	鼓包 1.15	鼓包 1.28	层裂 1.90
数值模拟数据/mm	鼓包 1.76	鼓包 1.65	鼓包 1.04	鼓包 1.16	层裂 1.76
误差/%	11.1	12.2	9.6	9.4	7.4

在高速撞击三层铝板模型验证过程中,由数值模拟数据与试验数据对比可知,最大误差为 13.4%,最小误差为 1.4%。通过图 8.3 对第五组工况的损伤图进行对比可知,图中各板损伤情况的数值模拟结果和试验结果基本一致。故使用 AUTODYN 软件对高速撞击三层铝板进行数值建模是可行的。

8.3　防护间距的影响

本节在防护总间距 $S=100$ mm 不变的情况下,第一层防护板和第二层防护板之间的间距为 S_1,第二层防护板和舱壁之间的间距为 S_2,且有 $S_1+S_2=100$ mm。进行 5 组模拟,通过改变三层防护结构中第二层防护板的位置,研究防护间距对铝板损伤特性的影响。第一次模拟从两防护板间距为 10 mm 起,后面 4 组模拟间距依次增大 20 mm,分别为 10 mm、30 mm、50 mm、70 mm、90 mm,具体工况见表 8.6,弹丸直径为 5.0 mm,弹丸撞击速度为 6.0 km/s。

表 8.6　高速撞击下层间距对铝板损伤的具体工况

工况	S_1/mm	S_2/mm	v_p/(km·s^{-1})	d_p/mm
1	10	90	6.0	5.0
2	30	70	6.0	5.0
3	50	50	6.0	5.0
4	70	30	6.0	5.0
5	90	10	6.0	5.0

通过 AUTODYN 软件建立图 8.4 所示模型。

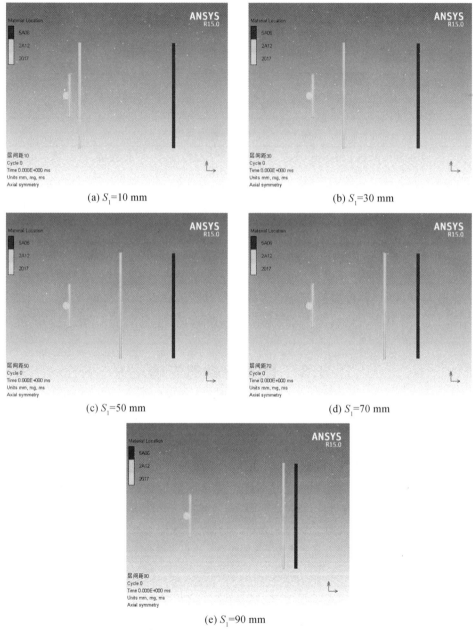

(a) $S_1=10$ mm (b) $S_1=30$ mm

(c) $S_1=50$ mm (d) $S_1=70$ mm

(e) $S_1=90$ mm

图 8.4　不同防护间距下三层板防护结构模型（彩图见附录）

利用AUTODYN软件对图8.4中不同防护间距下三层板防护结构模型进行模拟计算，得到不同层间距下高速撞击三层铝板的模拟结果，如图8.5所示。由各层间距高速撞击的数值模拟结果图，可以看出各层间距下高速弹丸撞击三层防护结构的损伤情况，发现对舱壁造成损伤的并不只有高速弹丸，还有在弹丸高速撞击下被崩落的防护板材料。从图 8.5 中可以看出,在本次 5 个数值模拟工况中,舱壁并未出现明显的鼓包,也未形成穿孔。

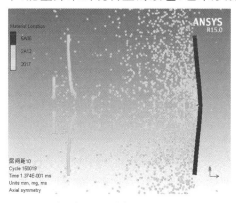
(a)两个层间距分别为10 mm、90 mm

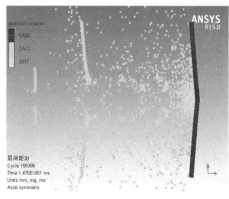
(b)两个层间距分别为30 mm、70 mm

(c)两个层间距分别为50 mm、50 mm

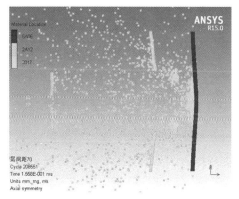
(d)两个层间距分别为70 mm、30 mm

(e)两个层间距分别为90 mm、10 mm

图 8.5 不同层间距下高速撞击三层铝板的模拟结果(彩图见附录)

为了更加直观地了解三层铝板各板的损伤情况,测量各组损伤并得出具体数值。其中鼓包高度为模型计算结束后,舱壁最末端位置坐标减去初始位置坐标的差值,同时鼓包高度也反映出舱壁形变大小,详细情况见表 8.7。

表 8.7　不同防护间距下高速撞击三层铝板的损伤　　　　　　　　　　mm

工况	间距 S_1	间距 S_2	第一层板穿孔直径	第二层板主要穿孔直径	舱壁主要损伤区范围直径	最大弹坑深度	是否穿孔	鼓包高度
1	10	90	8.86	15.60	38.16	0.86	否	3.95
2	30	70	8.86	25.26	31.64	0.62	否	3.39
3	50	50	8.86	37.06	17.94	0.38	否	1.33
4	70	30	8.86	46.26	17.54	0.13	否	2.30
5	90	10	8.86	36.14	37.06	1.03	否	2.14

从表 8.7 中可以看出,随着层间距的改变,第二层防护板的主要穿孔和舱壁的各损伤也随之改变,在此过程中,舱壁均未出现穿孔损伤,不过弹丸撞击舱壁都使舱壁形成了鼓包。为了清晰地了解层间距改变对三层防护结构损伤的影响,将表 8.7 中各损伤数据与层间距数据制成曲线图,如图 8.6 ~ 8.9 所示。由图 8.6 和图 8.7 可见,第二层防护板主穿孔直径呈现先变大后变小的趋势,而舱壁主要损伤区范围直径则呈现先变小再变大的趋势,在间距为 50 mm 时,舱壁主要损伤区范围直径最小。

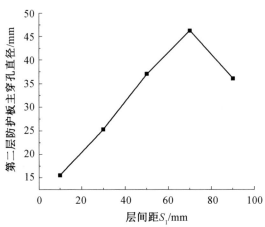

图 8.6　第二层防护板主穿孔与层间距 S_1 关系图

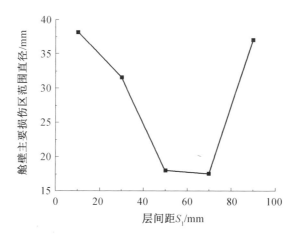

图 8.7 舱壁主要损伤区范围直径与层间距 S_1 关系

由图 8.8 和图 8.9 可见,最大弹坑深度先变小后变大,在层间距为 70 mm 时最大弹坑深度最小;鼓包高度同样有着先变小后变大的趋势,在层间距为 50 mm 时最小。

综上可见,随着防护间距的增大,舱壁损伤均呈现先减小后增大的趋势。在本书的研究范围内,结合曲线图和损伤数据表,发现若弹丸撞击速度为 6.0 km/s,防护总间距 $S=100$ mm,则有:两个防护间距分别为 50 mm、50 mm 时舱壁受到的总损伤最小,防护性能最好;两个防护间距分别为 70 mm、30 mm 时舱壁最大的弹坑深度以及舱壁的损伤范围最小。

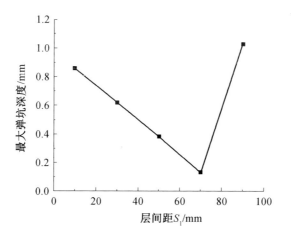

图 8.8 最大弹坑深度与层间距 S_1 关系图

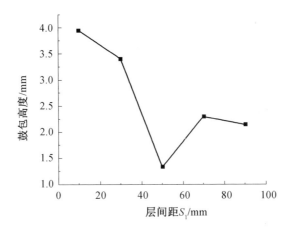

图 8.9 鼓包高度与层间距 S_1 关系

8.4 防护板厚的影响

通过 8.3 节的结论,了解到高速撞击下三层铝板防护结构在第二层防护板位于第一层防护板与舱壁中间时,防护性能最佳,高速弹丸对舱壁的损伤最小。在此基础上,通过改变第二层防护板的厚度,来研究防护板厚度对铝板损伤特性的影响。第一层防护板与舱壁之间距离 $S=100$ mm,弹丸直径 $d_p=5.0$ mm,速度 $v_p=6.0$ km/s 保持不变,建立 5 组模型,分别改变第二层防护板厚度 $t=0.5$ mm、1.0 mm、1.5 mm、2.0 mm、2.5 mm,具体工况见表 8.8。

表 8.8 高速撞击下不同板厚对铝板损伤的具体工况

工况	t /mm	S /mm	v_p /(km·s^{-1})	d_p /mm
1	0.5	100	6.0	5.0
2	1.0	100	6.0	5.0
3	1.5	100	6.0	5.0
4	2.0	100	6.0	5.0
5	2.5	100	6.0	5.0

根据表 8.8 通过 AUTODYN 软件建立模型,如图 8.10 所示。

第 8 章　球形弹丸撞击三层铝板损伤研究

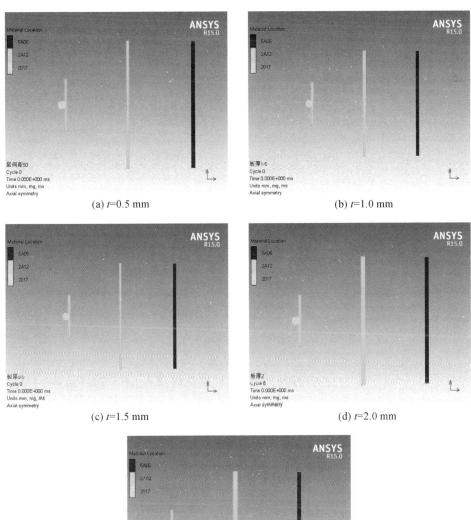

图 8.10　高速撞击三层防护结构模型（彩图见附录）

数值模拟结果如图 8.11 所示，从中可以看出高速撞击下，不同厚度防护板的舱壁损伤情况。随着第二层防护板厚度的增加，第二层防护板的穿孔直径逐渐变小，高速撞击下被阻挡的碎片云粒子变多，碎片云到达舱壁部分的数量也随着第二层防护板厚度的增加而减少,同时在此过程中,第二层防护板的变形程度也随着厚度的增加而变大。在防护板厚度为0.5 mm时,从图中发现,碎片云携带防护板材料大部分冲击到舱壁上,给舱壁造成了较大的损伤。

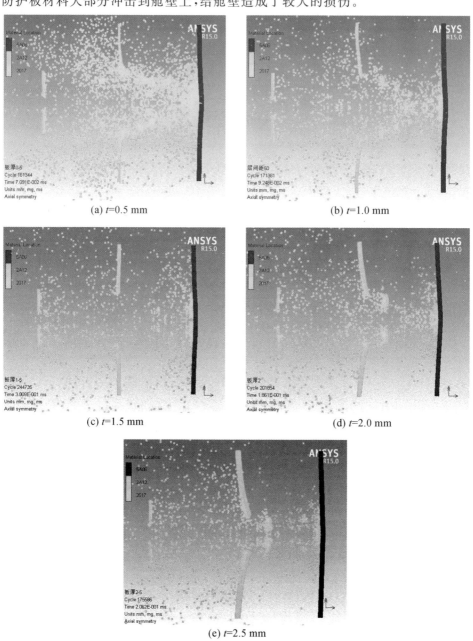

图 8.11　高速撞击三层铝板数值模拟结果(彩图见附录)

具体的损伤测量结果见表 8.9。

表 8.9 不同防护板厚度下高速撞击三层铝板的损伤   mm

工况	第二层防护板厚度	第一层板穿孔直径	第二层板主要穿孔直径	舱壁主要损伤区范围直径	最大弹坑深度	是否穿孔	鼓包高度
1	0.5	8.86	44.66	28.26	1.31	否	1.51
2	1.0	8.86	37.06	17.94	0.38	否	1.33
3	1.5	8.86	35.18	21.56	0.23	否	2.58
4	2.0	8.86	31.06	20.13	0.18	否	2.22
5	2.5	8.86	19.22	15.38	0.19	否	1.41

由表 8.9 数值模拟结果可以看出，随着第二层防护板的厚度增加，舱壁的损伤也随之改变，整体呈现减小趋势。将表中各数绘据制成曲线图，如图 8.12 ～ 8.15 所示。

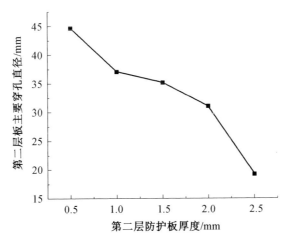

图 8.12 第二层防护板穿孔与防护板厚度关系图

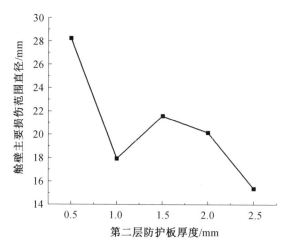

图 8.13 舱壁主要损伤范围直径与防护板厚度的关系

由图 8.12 和图 8.13 可见,随着第二层防护板厚度的增加,第二层防护板主要穿孔直径随着防护板厚度增加而减小,而舱壁的主要损伤区范围随着防护板厚度增加呈现先减小后增大再减小的趋势。

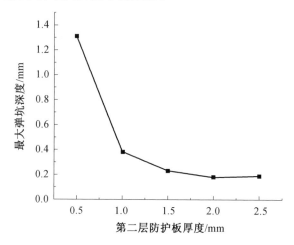

图 8.14 舱壁最大弹坑深度与防护板厚度的关系

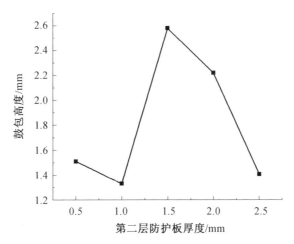

图 8.15 舱壁鼓包高度与防护板厚度的关系

由图 8.14 和图 8.15 可见,随着第二层防护板厚度的增加,舱壁最大弹坑深度随着防护板厚度增加逐渐减小,而鼓包高度随着防护板厚度的增加先减小后增大再减小。

综上可见,增加第二层防护板的厚度能有效减小三层防护结构受到的损伤;同时在一定条件下,薄防护板也有很好的防护效果。

8.5　三层防护结构与典型双层防护结构损伤特性比较

本节参考三层防护结构工况建立一个双层防护模型,通过对舱壁损伤的分析,来比较双层防护结构与三层防护结构的防护性能。

双层防护结构防护间距为 100 mm,弹丸撞击速度为 6.0 km/s,材料为 Al 2017-T4,防护板材料为 Al 2A12,舱壁材料为 Al 5A06,防护板厚为 1.0 mm,舱壁厚为 3.0 mm,数值模拟结果如图 8.16 所示。从图中可以看出,弹丸穿过防护板形成碎片云撞击舱壁,舱壁直接受到弹丸穿过防护板后第一次碎片云冲击,承受了碎片云携带的全部动能。测量舱壁损伤的数据见表 8.10。

选取相同条件下三层防护结构舱壁所受损伤最大的一组与上述双层防护结构进行对比。从前文分析得出,在总防护间距以及其他工况相同的情况下,三层防护结构中,舱壁所受损伤最大的是在两个防护间距分别为 10 mm、90 mm 时,此时舱壁损伤数据见表 8.11,损伤数值模拟结果如图 8.17 所示。

(a) 碎片云冲击　　　　　　　　　(b) 舱壁损伤

图 8.16　高速撞击双层防护结构数值模拟结果(彩图见附录)

图 8.17　三层防护结构舱壁损伤数值模拟结果(彩图见附录)

表 8.10　双层防护结构舱壁损伤数据　　　　　　　　　　　　　　mm

损伤情况	主要损伤区范围直径	最大弹坑深度	鼓包高度	穿孔
试验数据	67.64	2.85	1.59	—

表 8.11　两个防护间距分别为 10 mm、90 mm 时三层防护结构舱壁损伤数据　mm

损伤情况	主要损伤区范围直径	最大弹坑深度	鼓包高度	穿孔
试验数据	38.16	0.86	3.95	—

通过比较发现,高速撞击下双层防护结构舱壁损伤范围相对于三层防护结构舱壁损伤大得多,且双层防护结构舱壁弹坑分布密集,呈锯齿状。在两种防护结构都未发生穿孔的情况下,双层防护结构的鼓包高度要小于三层防护结构的鼓包高度。以上结论说明在高速撞击过程中,双层防护结构的形变程度比三层防护结构的形变程度小。

不论何种防护结构,其目的都是降低空间碎片高速撞击给舱壁带来的损伤。在高速撞击过程中,给舱壁造成主要伤害的是弹丸高速撞击防护板破碎形成的碎片云。其中双层防护结构主要是在舱壁前加上一层防护板，使得高速弹丸在撞击防护板过程中破碎形成碎片云，分散弹丸能量，减小对舱壁的损伤。三层防护结构则是在双层防护结构的基础上，于防护板和舱壁之间再加上一层防护板，用于抵挡通过第一层防护板碎片云的伤害，达到减小舱壁损伤的目的。

综上所述，当三层防护结构防护性能最差时，在相同的撞击条件下，三层防护结构的防护性能仍然高于双层防护结构的防护性能。可见，增加防护板在一定程度上能提高防护结构的防护性能，但也增加了防护结构的体积和质量。因此，在工程应用中，应根据具体的情况选择适合的防护结构。

8.6　本章小结

通过 AUTODYN 软件对高速撞击多层铝板损伤特性进行数值模拟，结论如下：

（1）在相同高速撞击条件下，当第二层防护板位于防护结构中间时，舱壁所受损伤最小。

（2）在相同高速撞击条件下，增加第二层防护板的厚度能有效减小舱壁受到的损伤。同时，在一定条件下，薄防护板也有很好的防护效果。

（3）在相同高速撞击条件下，增加防护板能在一定程度上提高防护结构的防护性能。

第 9 章

球形弹丸撞击球壳穿孔研究

9.1 引　言

该研究所用弹丸形状为球形。球形弹丸材料和球壳材料均为 Al 2A12 铝合金。本章将对下列问题进行研究：

(1) 弹丸撞击速度 $v_p = 2.0 \sim 5.0$ km/s、球形弹丸直径 $d_p = 2.0 \sim 16.0$ mm，研究球壳曲率半径对穿孔直径的影响，球壳曲率半径 $\rho = 20.0 \sim 240.0$ mm。

(2) 弹丸撞击速度 $v_p = 5.0$ km/s、球壳曲率半径 $\rho = 100.0$ mm，研究弹丸直径对对穿孔直径的影响，弹丸直径 $d_p = 2.0 \sim 16.0$ mm；

(3) 弹丸直径 $d_p = 3.0$ mm、球壳曲率半径 $\rho = 100.0$ mm，研究弹丸撞击速度对穿孔直径的影响，弹丸撞击速度 $v_p = 1.0 \sim 15.0$ km/s。

9.2　数值模型的建立

应用非线性动力学分析软件 AUTODYN，对球形弹丸超高速撞击球壳进行建模，球壳壁厚 $t = 1.0$ mm。采用二维轴对称方法建立模型，弹丸采用 SPH 法，球壳采用 Lagrange 法，几何模型如图 9.1 所示。

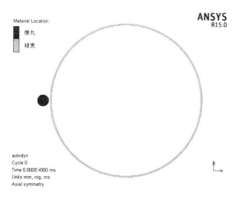

图 9.1　几何模型

应用该模型对球形弹丸撞击球壳进行计算,穿孔模拟图片如图9.2所示。由图9.2可见,弹丸击穿球壳后发生破碎,形成了碎片云,并在球壳上产生了圆形穿孔。由此可知,可以通过测量穿孔直径及观察穿孔形态来研究球壳在超高速撞击下的穿孔特性。其中,穿孔直径为穿孔边缘在垂直撞击方向上的尺寸。下面应用该模型,在弹丸的不同撞击状态下,改变球壳曲率半径,研究球壳的穿孔直径及穿孔形态,并获得穿孔直径的变化曲线。

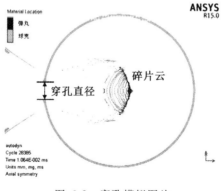

图 9.2　穿孔模拟图片

9.3　球壳曲率半径的影响

当弹丸撞击速度 $v_p = 5.0$ km/s,弹丸直径 $d_p = 2.0$ mm、4.0 mm、6.0 mm、8.0 mm、10.0 mm、12.0 mm、14.0 mm 及 16.0 mm 时,考察球壳曲率半径对球壳穿孔特性的影响。图9.3绘出了在不同弹丸直径下,穿孔直径随球壳曲率半径的变化曲线。由图9.3可以看出,在弹丸撞击速度相同的情况下,当弹丸直径不同时,穿孔直径随球壳曲率半径的变化曲线是不同的。当弹丸直径为2.0 mm、4.0 mm及6.0 mm,即弹丸直径较小时,穿孔直径曲线近似一条平行于坐标横轴的直线,也就是说,穿孔直径随球壳曲率半径的变化不大。随着弹丸直径的增大,穿孔直径曲线不再为一条直线,而为一条曲线,并且弹丸直径越大,曲线的弯曲程度越明显。可见,在弹丸直径相同的情况下,当球壳曲率半径较小时,穿孔直径随着球壳曲率半径的增大而减小;随着弹丸直径的增加,球壳曲率半径对穿孔直径的影响也增大,表现为曲线的弯曲程度越明显。但随着球壳曲率半径的继续增加,穿孔直径曲线又近似一条平行于坐标横轴的直线,穿孔直径趋于一个稳定值,即穿孔直径随球壳曲率半径的变化不大。可见,穿孔直径随球壳曲率的变化规律不仅与球壳曲率半径有关,与弹丸直径也有关。

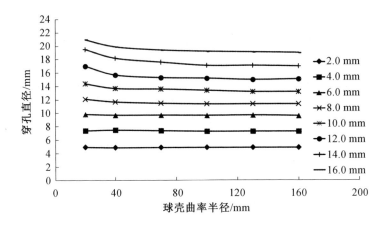

图 9.3　不同弹丸直径下穿孔直径随球壳曲率半径的变化曲线

为了研究穿孔直径与弹丸直径、球壳曲率半径之间的关系,设弹丸直径与球壳曲率半径之间的比值,即 d_p/ρ 为坐标横轴,穿孔直径为坐标纵轴,考察在不同弹丸直径下穿孔直径与 d_p/ρ 之间的关系,如图9.4所示。在图9.4中,当 d_p/ρ 较小时,数据点较为密集,为了方便分析,将 d_p/ρ 较小时的数据点重新整理并绘制成曲线图,如图9.5所示。由图9.5可以发现,在不同的弹丸直径下,当 $d_p/\rho \leq 0.1$ 时(对应于图9.3中各曲线的直线段),穿孔直径随 d_p/ρ 的变化曲线均近似为平行于坐标横轴的直线,即球壳曲率半径对穿孔直径的影响不大。当 $d_p/\rho > 0.1$ 时(对应于图9.3中各曲线的非直线段),由图9.4可见,在不同的弹丸直径下,穿孔直径随 d_p/ρ 的变化曲线均近似为直线,即穿孔直径与 d_p/ρ 近似呈线性关系。

综合以上分析可见,当 $d_p/\rho \leq 0.1$ 时,球壳曲率半径对穿孔直径的影响不大;当 $d_p/\rho > 0.1$ 时,穿孔直径与 d_p/ρ 近似呈线性关系,并且穿孔直径随着球壳曲率半径的增加而减小。

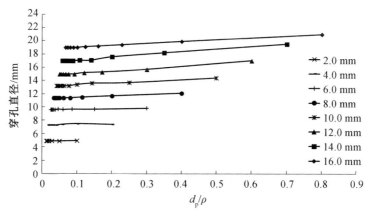

图 9.4　不同弹丸直径下穿孔直径随 d_p/ρ 的变化曲线

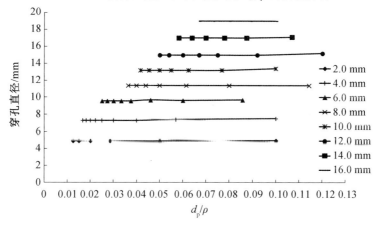

图 9.5　当 d_p/ρ 较小时穿孔直径随 d_p/ρ 的变化曲线

当弹丸直径一定时,考察在不同弹丸撞击速度下,穿孔直径随球壳曲率半径的变化规律。根据上述分析结果,设定数值模拟工况弹丸直径 $d_p = 14.0$ mm 可以更为清晰地观察穿孔直径的变化规律。当弹丸撞击速度 v_p 分别为 2.0 km/s、3.0 km/s、4.0 km/s 和 5.0 km/s 时,穿孔直径随球壳曲率半径的变化曲线如图 9.6 所示。

由图 9.6 可以看出,在不同的弹丸撞击速度下,当球壳曲率半径较小时,穿孔直径均随着球壳曲率半径的增加而减小;而当球壳曲率半径较大时,穿孔直径趋于一个稳定值。当弹丸撞击速度不同时,各条曲线的变化趋势基本一致,与图 9.3 中弹丸直径为 14.0 mm 时的曲线相同。也就是说,虽然弹丸撞击速度不同,但穿孔直径随着球壳曲率半径的变化规律是一致的。

综上所述,当球壳厚度一定时,穿孔直径随着球壳曲率半径的变化规律与弹丸撞击速度关系不大,与弹丸直径和球壳曲率半径之间的比值有关。因此,在考虑球壳曲率半径对穿孔直径的影响时,可以不考虑弹丸撞击速度的影响。

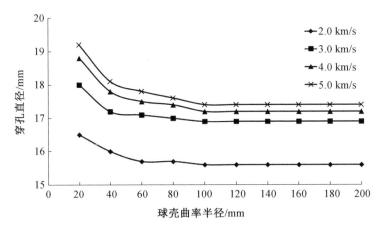

图 9.6 不同弹丸撞击速度下穿孔直径随球壳曲率半径的变化曲线

由以上的分析还可以看出,在不同弹丸撞击条件下,随着球壳曲率半径的增加,穿孔直径均各自趋于一个稳定值。为了考察这些值与球壳曲率半径之间的关系,在相同的撞击条件下,对具有相同厚度的球壳和平板的穿孔直径进行比较,如图 9.7 所示,弹丸撞击速度 v_p 为 5.0 km/s,弹丸直径 d_p 分别为 3.0 mm 及 14.0 mm。当弹丸直径为 3.0 mm 时,在图 9.7(a) 所示的曲线绘制范围内,弹丸直径与球壳曲率半径之比小于 0.1,在此条件下,球壳的穿孔直径与薄铝板的穿孔直径基本一致。而当弹丸直径为 14.0 mm 时,如图 9.7(b) 所示,随着球壳曲率半径的增加,当弹丸直径与球壳曲率半径之比小于 0.1 时,球壳的穿孔直径与薄铝板的穿孔直径也趋于一致。可见,当弹丸直径与球壳曲率半径相比较小,即 d_p/ρ 小于等于 0.1 时,可以忽略球壳曲率半径对穿孔直径的影响,即可以将球壳近似看成一个直薄铝板。

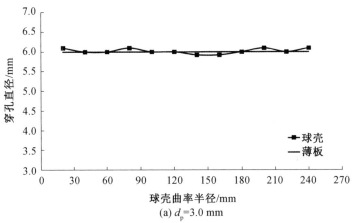

(a) d_p=3.0 mm

图 9.7 球壳穿孔直径与薄铝板穿孔直径的比较

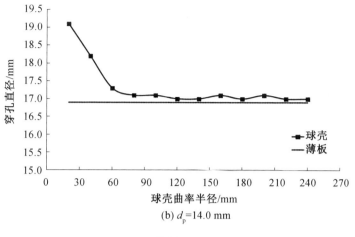

(b) d_p=14.0 mm

续图 9.7

当弹丸直径 d_p 为 8.0 mm,弹丸撞击速度 v_p 为 5.0 km/s 时,研究不同球壳曲率半径下的穿孔孔边形态。图 9.8 所示为具有不同曲率半径的球壳穿孔孔边形态及薄铝板的穿孔孔边形态的模拟图片。由图 9.8 可以发现,当球壳曲率半径 ρ 不同时,穿孔孔边形态基本相同,孔边皆有微裂纹产生。将球壳的穿孔孔边形态与薄铝板的穿孔孔边形态进行比较发现,球壳和薄铝板的穿孔孔边形态是基本一致的。也就是说,在相同的弹丸撞击条件下,球壳曲率半径对穿孔孔边形态影响不大。

(a) ρ=20.0 mm (b) ρ=40.0 mm (c) ρ=70.0 mm (d) ρ=100.0 mm (e) ρ=130.0 mm (f) ρ=160.0 mm (g) 平板

图 9.8 球壳和薄铝板的穿孔形态比较

9.4 弹丸直径的影响

为了研究弹丸直径对穿孔特性的影响,数值模拟工况设定球壳曲率半径 ρ 均为 100.0 mm,弹丸撞击速度 v_p 均为 5.0 km/s,弹丸直径 d_p 分别为 2.0 mm、4.0 mm、6.0 mm、8.0 mm、10.0 mm、12.0 mm、14.0 mm 及 16.0 mm。穿孔直径随弹丸直径的变化曲线和不同弹丸直径下穿孔孔边形态的比较如图 9.9 和图 9.10 所示。由图 9.9 可见,当球壳曲率半径及弹丸撞击速度一定时,穿孔直径随着弹丸直径的增加而增加,并且近似呈线性关系。

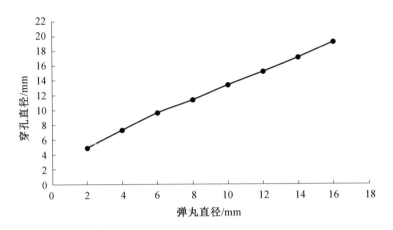

图 9.9 球壳的穿孔直径随弹丸直径的变化曲线

由图 9.10 可见,当弹丸撞击速度为 5.0 km/s,弹丸直径为 2.0 mm、4.0 mm 和 6.0 mm 时,穿孔孔边形态不同;但当弹丸直径大于等于 6.0 mm 时,穿孔孔边形态基本一致。由图 9.10 还可以看出,虽然不同弹丸直径下穿孔孔边形态不同,但穿孔孔边均有微裂纹产生。由以上分析可知,当弹丸直径较小时,穿孔孔边形态与弹丸直径有关;当弹丸直径较大时,弹丸直径对穿孔形态影响不大。

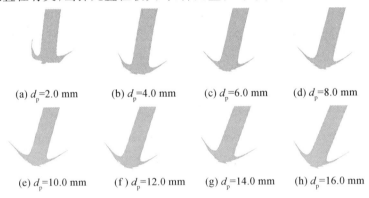

(a) d_p=2.0 mm (b) d_p=4.0 mm (c) d_p=6.0 mm (d) d_p=8.0 mm

(e) d_p=10.0 mm (f) d_p=12.0 mm (g) d_p=14.0 mm (h) d_p=16.0 mm

图 9.10 不同直径弹丸下球壳的穿孔孔边形态比较

9.5 弹丸撞击速度的影响

为了研究弹丸撞击速度对球壳穿孔特性的影响,数值模拟工况设定球壳曲率半径 ρ 均为 100.0 mm,弹丸直径 d_p 均为 3.0 mm,弹丸撞击速度 v_p 分别为 1.0 km/s、3.0 km/s、5.0 km/s、7.0 km/s、9.0 km/s、11.0 km/s、13.0 km/s 及

15.0 km/s。球壳的穿孔直径随弹丸撞击速度的变化曲线和不同弹丸撞击速度下的穿孔孔边形态比较如图 9.11 和图 9.12 所示。由图 9.11 可见,当球壳曲率半径及弹丸直径一定时,穿孔直径随着弹丸撞击速度的增加而增加,并且曲线斜率随着弹丸撞击速度的增加而减小。由此可知,随着弹丸撞击速度的增加,弹丸撞击速度对穿孔直径的影响是逐渐减小的;但当弹丸撞击速度较小时,弹丸撞击速度对穿孔直径影响比较大。

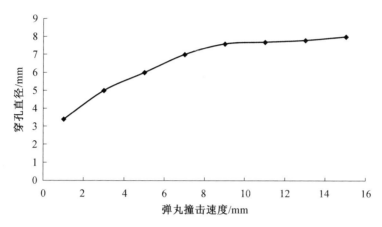

图 9.11　球壳的穿孔直径随弹丸撞击速度的变化曲线

对不同弹丸撞击速度下的穿孔孔边形态进行比较,由图 9.12 可见,当弹丸撞击速度不同时,穿孔孔边形态是不同的。当弹丸撞击速度为 2.0 km/s 时,穿孔孔边无裂纹产生,穿孔孔边材料较为光滑;当弹丸撞击速度为 3.0 km/s 时,穿孔孔边开始有裂纹产生,并且随着弹丸撞击速度的增加,裂纹愈加明显。可见,弹丸撞击速度对穿孔形态影响较大。

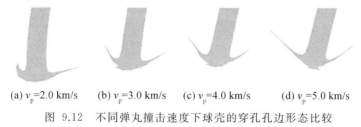

(a) v_p=2.0 km/s　　(b) v_p=3.0 km/s　　(c) v_p=4.0 km/s　　(d) v_p=5.0 km/s

图 9.12　不同弹丸撞击速度下球壳的穿孔孔边形态比较

9.6　本章小结

本章应用 AUTODYN 软件,采用 SPH 法和 Lagrange 法对球形弹丸撞击球壳产生的穿孔特性进行了研究,结论如下:

(1) 球壳的穿孔直径随球壳曲率半径的变化规律与弹丸撞击速度关系不大。

(2) 球壳的穿孔直径随着弹丸直径、弹丸撞击速度的增加而增加。

(3) 球壳的曲率半径对球壳穿孔孔边形态影响不大,而与弹丸直径和弹丸撞击速度有关。

参 考 文 献

[1] 刘静. 航天空间环境 —— 空间碎片及其应用研究[D]. 北京:北京大学,2004.

[2] RYAN S, CHRISTIANSEN E L. A ballistic limit analysis programme for shielding against micrometeoroids and orbital debris[J]. Acta Astronautica, 2011, 69: 245-257.

[3] 曲广吉,韩增尧. 航天器空间碎片被动防护技术研究的总体构思[J]. 航天器工程,2005,14: 1-7.

[4] 庞宝君,韩增尧. 建立空间碎片防护设计工程体系提高航天器在轨安全能力:中国第三届空间碎片会议论文集[C]. 北京:中国空间技术研究院,2005.

[5] HUANG J, MA Z X, REN L, et al. A new engineering model of debris cloud produced by hypervelocity impact[J]. International Journal of Impact Engineering, 2013, 56: 32-39.

[6] IGOR Y T. Analysis of burst conditions of shielded pressure vessels subjected to space debris impact[J]. Journal of Pressure Vessel Technology, 2005, 127: 179-183.

[7] 曹喜滨,李峰,张锦绣,等. 空间碎片天基主动清除技术发展现状及趋势[J]. 国防科技大学学报,2015,37(4): 117-120.

[8] 张高望. 空间温度环境下航天器防护结构高速撞击累积损伤研究[D]. 哈尔滨:哈尔滨工业大学,2017.

[9] 戴训洋. 高速撞击下防护结构的损伤分析及评估方法研究[D]. 哈尔滨:哈尔滨工业大学,2015.

[10] 姚阳. 多介质流体力学Euler－Lagrange耦合计算的GEL方法研究[D]. 绵阳:中国工程物理研究院,2006.

[11] BELYTSCHKO T, KRONGAUZ Y, DOLBOW J. On the completeness of meshfree particle methods[J]. International Journal for Numerical Methods in Engineering,1998(43):785-819.

[12] LIU X, GAI F F. Numerical simulation on crater characteristics of different shape of projectiles hypervelocity impact on thick plates[J]. International Journal of Multimedia and Ubiquitous Engineering,2016,11(2):323-330.

[13] 管公顺,庞宝君,迟润强,等. 单层5A06铝合金板高速撞击试验研究[J]. 试验力学,2006,21(2):146-147.

[14] 管公顺,张伟,庞宝君,等. 铝球弹丸高速正撞击薄铝板穿孔研究[J]. 高压物理学报,2005(6):134-136.

[15] 蒋彩霞. 超高速撞击碎片云损伤建模[D]. 哈尔滨:哈尔滨工业大学,2007.

[16] 盖芳芳,刘先应,刘㤢,等. 圆柱形弹丸撞击薄板的碎片云特性数值模拟[J]. 黑龙江科技学院学报,2013,23(6):600-604.

[17] 刘先应,盖芳芳,李志强,等. 锥形弹丸超高速撞击防护板的碎片云特性参数研究[J]. 高压物理学报,2016,30(3):249-257.

[18] 张羽. 层间距对多冲击结构超高速撞击损伤特性影响研究[D]. 哈尔滨:哈尔滨工业大学,2012.

[19] 盖芳芳,于丽艳,南景富. 球形弹丸超高速撞击球壳穿孔特性的数值模拟[J]. 黑龙江科技大学学报,2018,28(2):221-226.

名词索引

C

材料模型　2.3,5.2

参考点　6.4,6.5

舱壁　8.2,8.3,8.4

长径比　3.4,6.4,6.5

超高速撞击　1.1

成坑　3.3,3.4

穿孔形态　9.3,9.4,9.5

穿孔直径　4.3,4.4,7.2,8.2

D

弹坑　7.2

F

防护间距　7.2,7.5,8.2

防护屏　7.2,8.2

G

鼓包　7.2,8.2

H

后板主要损伤区范围直径　7.2,7.3,7.4

K

空间碎片　1.1

L

Lagrange 方法　2.3,4.2,7.2,8.2,9.2

临界破碎板厚　5.5

临界破碎速度　5.3

临界破碎直径　5.4

P

破碎状态　5.3，

Q

强度模型　2.3

S

SPH方法　2.3,3.2,5.2,6.2,7.2,
　　　　　8.2,9.2

三层防护结构　8.2

双层防护结构　7.2

碎片云　6.3

碎片云长径比　6.3

碎片云反溅　6.4

碎片云径向尺寸　6.4

碎片云径向速度　6.4

碎片云前端速度　6.4

碎片云轴向尺寸　6.4

碎片云轴向速度　6.4,6.5

损伤模式　7.2

W

完全破碎板厚　5.5

完全破碎速度　5.3

完全破碎直径　5.4

Z

中心穿孔直径　7.3,7.4,7.5

状态方程　2.3

附录

部分彩图

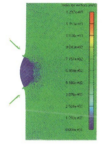
(a) v_p=1.0 km/s

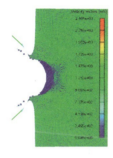
(b) v_p=2.0 km/s

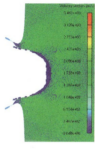
(c) v_p=3.0 km/s

(d) v_p=5.0 km/s

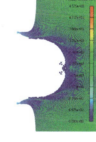
(e) v_p=5.0 km/s

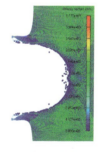
(f) v_p=6.0 km/s

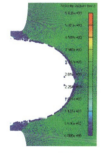
(g) v_p=7.0 km/s

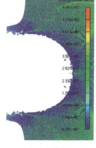
(h) v_p=8.0 km/s

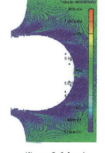
(i) v_p=9.0 km/s

图 3.3

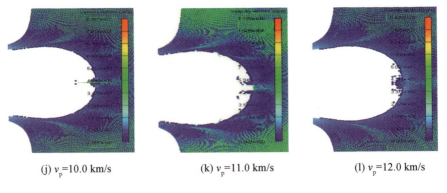

(j) v_p=10.0 km/s   (k) v_p=11.0 km/s   (l) v_p=12.0 km/s

续图 3.3

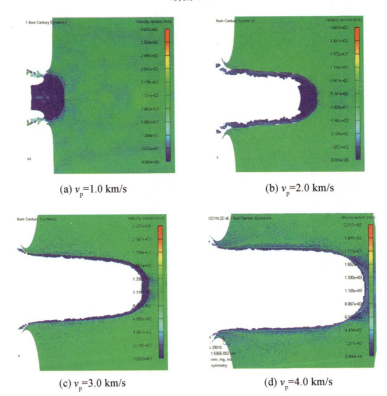

(a) v_p=1.0 km/s   (b) v_p=2.0 km/s

(c) v_p=3.0 km/s   (d) v_p=4.0 km/s

图 3.6

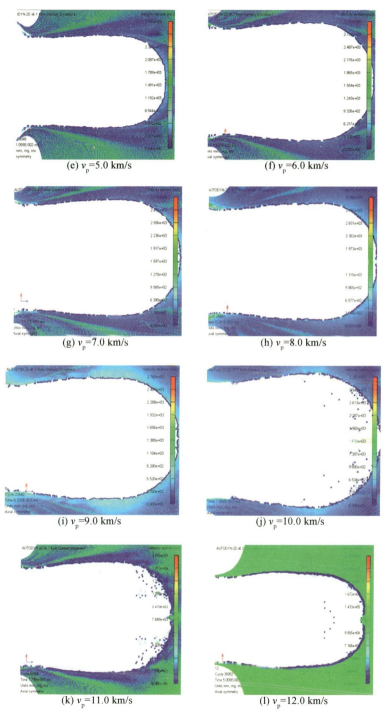

(e) v_p=5.0 km/s
(f) v_p=6.0 km/s
(g) v_p=7.0 km/s
(h) v_p=8.0 km/s
(i) v_p=9.0 km/s
(j) v_p=10.0 km/s
(k) v_p=11.0 km/s
(l) v_p=12.0 km/s

续图 3.6

超高速撞击航天器及其防护结构数值模拟研究

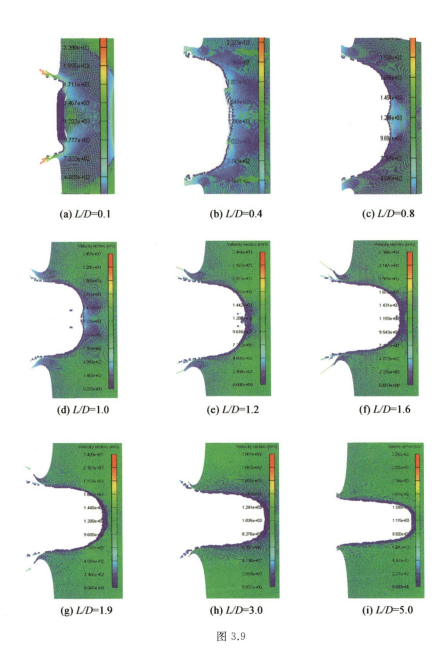

(a) L/D=0.1　　(b) L/D=0.4　　(c) L/D=0.8

(d) L/D=1.0　　(e) L/D=1.2　　(f) L/D=1.6

(g) L/D=1.9　　(h) L/D=3.0　　(i) L/D=5.0

图 3.9

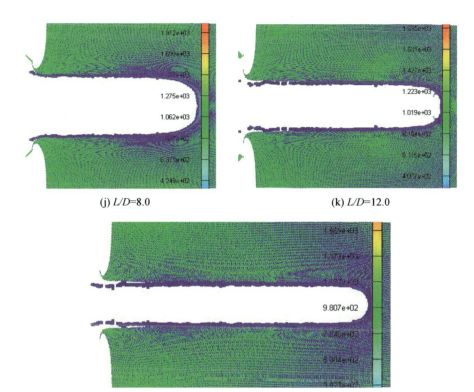

(j) L/D=8.0

(k) L/D=12.0

(l) L/D=20.0

续图 3.9

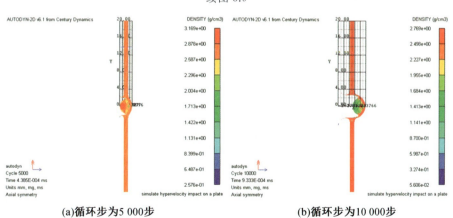

(a)循环步为5 000步

(b)循环步为10 000步

图 4.4

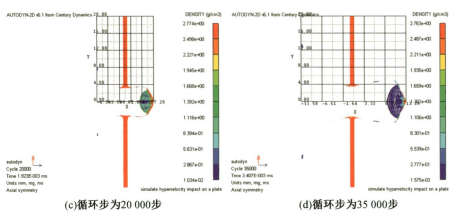

(c)循环步为20 000步　　(d)循环步为35 000步

续图 4.4

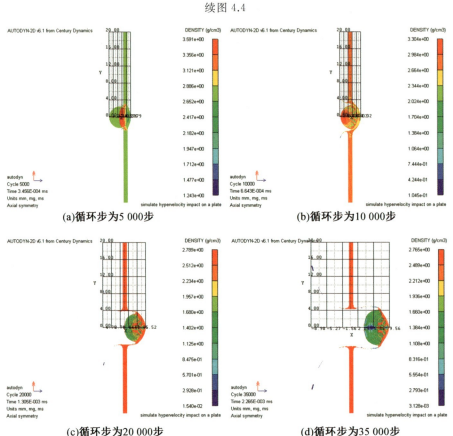

(a)循环步为5 000步　　(b)循环步为10 000步

(c)循环步为20 000步　　(d)循环步为35 000步

图 4.5

附录 部分彩图

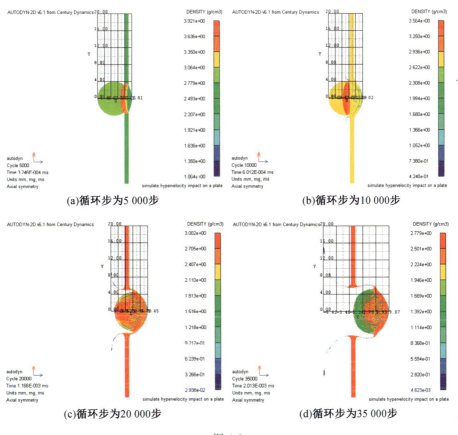

(a) 循环步为 5 000 步
(b) 循环步为 10 000 步
(c) 循环步为 20 000 步
(d) 循环步为 35 000 步

图 4.6

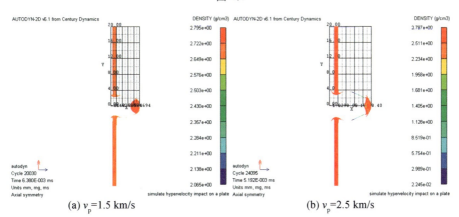

(a) $v_p = 1.5$ km/s
(b) $v_p = 2.5$ km/s

图 4.8

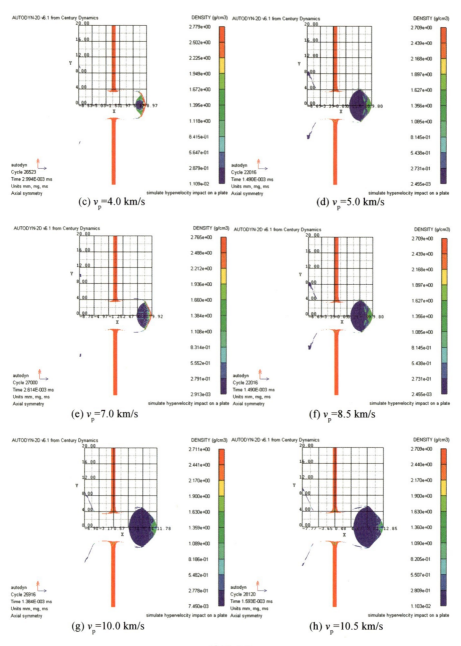

续图 4.8

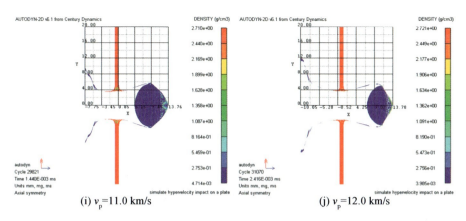

(i) v_p=11.0 km/s   (j) v_p=12.0 km/s

续图 4.8

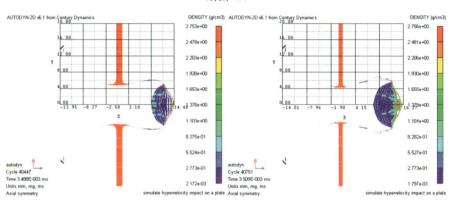

(a) t=1.00 mm   (b) t=1.50 mm

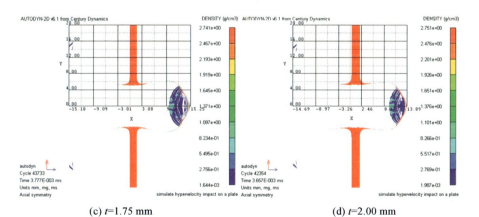

(c) t=1.75 mm   (d) t=2.00 mm

图 4.10

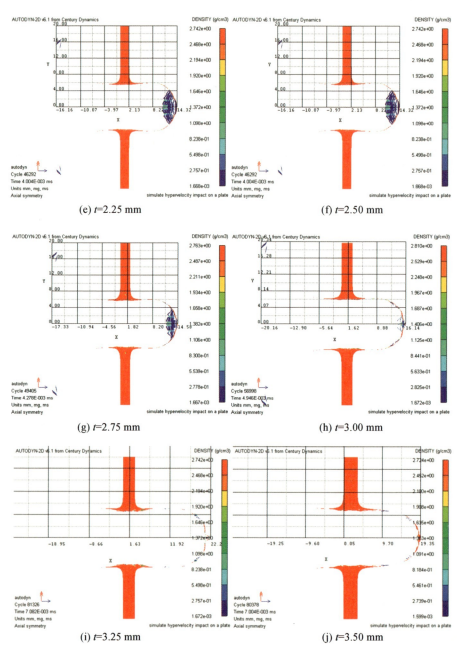

(e) t=2.25 mm

(f) t=2.50 mm

(g) t=2.75 mm

(h) t=3.00 mm

(i) t=3.25 mm

(j) t=3.50 mm

续图 4.10

附录　部分彩图

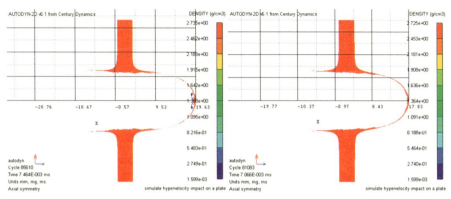

(k) t=3.75 mm　　　　　　　　(l) t=4.00 mm

续图 4.10

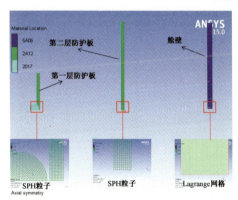

图 8.1

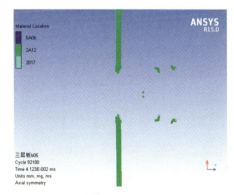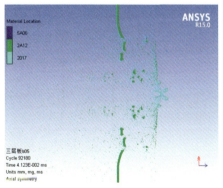

(a) 模拟第一层防护板正面　　　　　　(b) 模拟第二层防护板正面

图 8.3

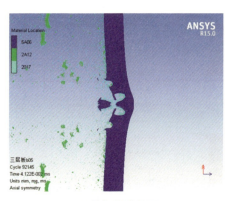

(c) 模拟舱壁背面

续图 8.3

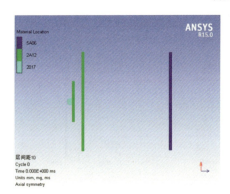

(a) S_1=10 mm

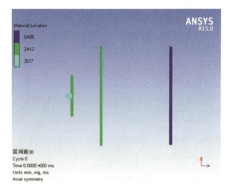

(b) S_1=30 mm

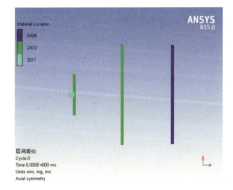

(c) S_1=50 mm

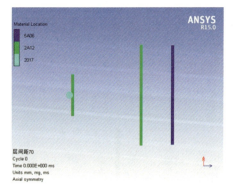

(d) S_1=70 mm

图 8.4

附录　部分彩图

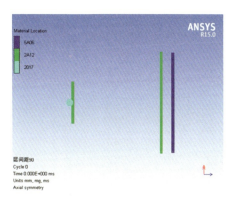

(e) S_1=90 mm

续图 8.4

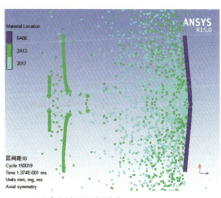

(a)两个层间距分别为10 mm、90 mm

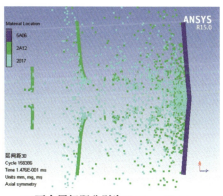

(b)两个层间距分别为30 mm、70 mm

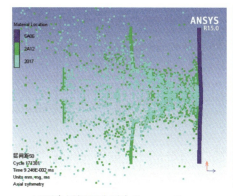

(c)两个层间距分别为50 mm、50 mm

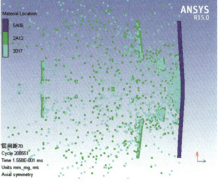

(d)两个层间距分别为70 mm、30 mm

图 8.5

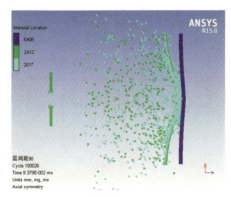

(e) 两个层间距分别为90 mm、10 mm

续图 8.5

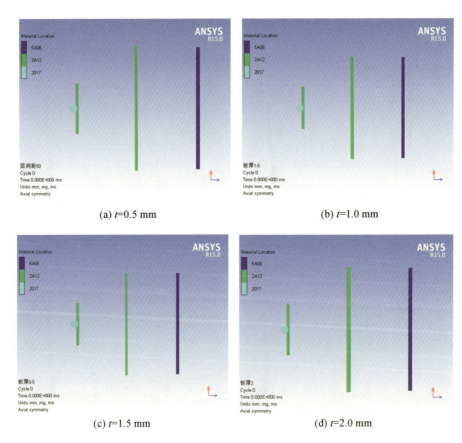

(a) t=0.5 mm (b) t=1.0 mm

(c) t=1.5 mm (d) t=2.0 mm

图 8.10

附录　部分彩图

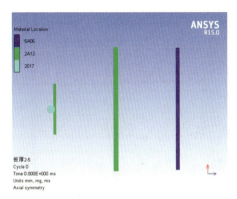

(e) t=2.5 mm

续图 8.10

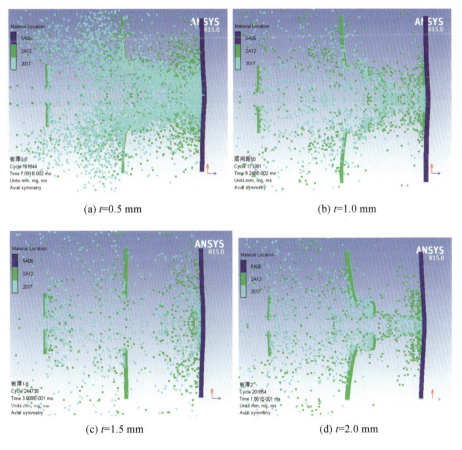

(a) t=0.5 mm　　　　　　　　　　(b) t=1.0 mm

(c) t=1.5 mm　　　　　　　　　　(d) t=2.0 mm

图 8.11

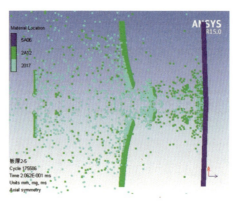

(e) t=2.5 mm

续图 8.11

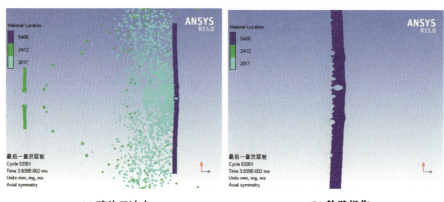

(a) 碎片云冲击　　　　　　　　　　(b) 舱壁损伤

图 8.16

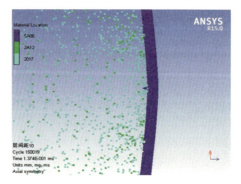

图 8.17